有一種工作，叫生活

離職後
我學到的23件事

曾彥菁——著
Amazing

各界推薦

閱讀作者這段心路歷程，讓我想起二十八歲那年，我從國外業務離職，不知道自己到底想做什麼、能做什麼，對自身能力充滿懷疑，對未來填滿不安的那段日子。透過紙頁，我又嗅聞到那樣的酸甜苦辣。

很慶幸，我和作者一樣，並沒有把「生活」這件事擺在「工作」前面，而是不斷叩門，探尋除了賣肝賣時間以外，人生還有沒有其他可能？這條路沒有人能代替，恐懼也只能自己克服，但身為另一位過來人，闔上書本以後，忍不住想為她鼓掌叫好。

——柚子甜／作家・心靈工作者

和彥菁認識很久，我常覺得她有青鳥姿態，身子小，而從不怯弱，能量飽滿地朝希望振翅。她在女人迷寫的多半是親身故事，生命經歷了什麼，於是織出那真誠可親的字，我經常看著她，再次確認，人是因為願意面對生命的磨難，願意坦誠以對，因而才長大的。這樣的長大，也才有意思。

二十六歲那一年，彥菁為自己做了一個決定，離開NGO的體系，踏上文字工作者之路。這條路並不安穩，漫長艱辛，我們常討論，那好像在黑暗中行走，你拖著自己的身子，踏著步伐，聽著心跳，數著呼吸，儘管前路漫漫，相信彼岸有光。

彥菁第一次拿書稿給我，我讀了欲罷不能。心有感動，知道她誠實振筆，把自己的故事都給寫了出來。這寫不僅是為了記錄自己路途上的蛻蜒，更是為了邀請更多人，聆聽內在的聲音，踏上成為自己的路途——當我們真正知道自己是誰，意圖過什麼樣的生活，便不再總是心有恐懼。我一直也相信，生命之長，是為了成為自己之故，生命從不需克服，而需經歷，長出自己的姿態。

我很榮幸，女人迷很榮幸，能參與彥菁生命中這精彩的片段。

——柯采岑／吾思傳媒 女人迷主編

過去的教育不善於讓我們了解自己，我們得到了很多答案的碎片，只好零零散散地東拼西湊，於是我們長越大越感覺迷茫，對於自己從沒有好好回答過。

看這本書的時候，是一種真誠的訴說，從作者的失意與失望開始，一點點地拾起遺落的自己，你會看到她的努力與反思，放棄那些多餘的爭奪，更多好好地專注於內心世界的豐富，就這樣一步步跟上，最後，讓自己跟上心中的理想生活。

——**張柏韋／一隅有花共同創辦人**

與作者認識是她畢業後首份工作，她對NGO的憧憬與美好想像讓我傻眼，想說：「醒醒啊！年輕人！」過了幾年她突然辭職變成專欄作家，我又心想：「能活得現實一點嗎？」多年後，再聽見她說：「我要出書了。」我嘆了氣，出版的殘酷是要經歷過的人才懂。

同樣，書裡有我自己的影子，一樣摸黑找路，尋著光跌跌撞撞，曾迷惘到想要放棄。人都應該有理想生活，無法複製、模仿，但可以被期待、傳遞信念，跟勇敢付出。推薦想走出自己框架的人，沒有嘗試，別說理想生活是不可以。

——雪兒CHER／旅人作家

我曾跟學生有以下對話：「考好成績為了？」「上好大學。」「上好大學為了？」「找好工作。」「找好工作為了？」「有好薪水。」「為什麼你們沒提到夢想？」這時，學生一片沉默。

《有一種工作，叫生活》點破了長久以來的工作迷思。如果工作只是為了生活，我們永遠只是推著石頭上山的薛西弗斯。不是要你耍廢，而是讓你慢下來，看清方向，再出發。這絕對是對瞎忙人生的當頭棒喝！

——歐陽立中／Super教師．暢銷作家

人生八十載，工作卻佔去了每天三分之一以上的時間，甚至很多人連下班後也依舊沒能停下工作。

房貸、車貸、信貸等各種經濟壓力，使我們成了物質的奴隸，你會滿意這樣的人生嗎？

彥菁選擇了一條找回勇氣的路！不做別人認為應該做的事，用自由工作者的身分挑戰世俗價值標準。

——**鄭俊德／「閱讀人」主編**

目錄 CONTENTS

③
誰在告訴我們該往哪裡走

④
讓星星引路

5 我們，走自己的路

①

摸黑找路

離職，往未知遁去

二十六歲的最後一個月，我辭去了全職工作，開始自由工作的生活。

原本在非政府組織（ＮＧＯ）推廣國際志工並擔任領隊的我，每一年寒暑假都帶著志工團出隊，到海外社區做服務，平日則在辦公室處理行政、行銷、培訓等事務。

世上沒有夢幻工作

這是我大學時最想做的夢幻工作。從大三第一次到蒙古當國際志工開始，我看著團裡的領隊帶志工出國、服務社區，免費出國又有薪水領，心中充滿了無限憧憬與羨慕，我也想做這樣的工作！

於是在回國後，我與志工協會保持密切聯繫，參加培訓成為副領隊，也開始協助帶團，更在畢業後順利成為正職員工，完成了大學時的夢想。

不過上班第一天，我就感覺夢想破滅。

從前以志工、副領隊身分進到辦公室，大家總會停下手邊工作，熱情招呼我們，問我們最近過得怎麼樣，互相打鬧開玩笑，氣氛輕鬆愉悅，讓我好想在這裡工作。

可是變成正職人員第一天，當我帶著期待的心情進到辦公室，卻立刻感受到一股沉重的氣壓，同事們抬頭道早安後，便繼續忙自己的事。

「歡迎來到真實世界！」那時才發現，自己的天真實在突兀，過去想像領隊帶團的悠活美好，實則背後有無數個辛勤的時刻。工作就真的是工作，他們在志工看不見的地方，是多麼地認真忙碌。

領隊真的一點也不輕鬆：每一個團隊大約出去兩周的時間，我們需要擔負二十人的安全與健康、協助他們融入異地生活、確保計畫按規劃進行、了解當地社區的服務需求、掌握志工服務的狀態與成效、帶他們深度認識社區、與在地組織溝通協調、回報團隊狀況給台灣辦公室、緊急處理飛機停班或團員生病等突發狀況，還有，照顧好領隊自己的健康與心理狀態。

出團的頻率，寒假兩團、暑假四團，中間偶爾穿插給上班族的連假團。每半年輪迴一次宣傳招募、團員培訓、出團執行、成果報告等階段，再包含買機票、辦保險、海外社區聯繫等事宜，要投入無比的心力，才能使一次的出團順利。

而天真的我以前從未想過，每份工作背後辛苦的地方。

做著充滿意義的事

我很喜歡這份工作的價值與意義，特別是出團進到海外社區時，當地居民對我們總是友善與歡迎。

我主要負責的計畫在柬埔寨，這個有「微笑高棉」之稱的國度，雖然有百分之八十的居民生活在貧窮線以下，一天收入不到一點二五美金，良善卻在貧困的焦土上開出朵朵蓮花。

我們到學校去教英文、電腦、科學實驗時，孩子總是充滿好奇，有些害羞卻又想和我們做朋友。

我記得有位叫桑南的七年級女孩，在一天下課後緩緩走向我，給我一朵手摺的紙花與一封信，她說自己的父母離異了，將她留給祖母和阿姨照顧，她在家裡總是覺得寂寞，但看見我們到來，感覺自己好像多了許多哥哥姊姊，讓她非常開心，真的很感謝我們。

我握著粉紅色的小紙花，覺得那是比九十九朵玫瑰還珍貴的禮物。許多這樣的時刻，都讓我感激自己做著世界上最棒的工作，能夠定期到異國深度生活，又能為他人的生命帶來美好。

美好也會疲倦

但即使是這樣富有意義的工作，我終究還是累了。

一方面，過長的工時幾乎佔據了整個生活，海外出團期間近乎二十四小時在工作。半夜睡覺如有任何狀況都要處理，雖然不常發生，但真有一兩次，我睡到一半被志工搖醒，說其他成員發燒、嘔吐需緊急處理。在台灣辦公室時，也常常需要加班或假日辦說明會，雖然都可另外補休，不過仍感到工作佔據了太多的生命，我好想找回自己的時間。

另一方面，每半年要重新認識新的志工，大約四十到一百位，然後帶大家打成一片、營造團隊氣氛、凝聚共識、建立志工心態等等。雖然每個人都獨特有趣，有時也會遇見後來變摯友的團員，但漸漸感到力不從心，承受不了過重的人際包袱。

最後，則是我對志工服務這件事產生了遲疑。

每次出隊前，我們都希望帶給當地最有效的服務，給他們所需的事物，於是總花許多精力在了解需求、分析問題、盤點資源、計畫方案，不過每次兩周短期的服務，能帶來的改變終究有限。

當志工滿腔熱血地出發，到當地發現自己其實不太能做什麼時，總困惑地問我們到底帶來了什麼幫助啊？我看著團服上那句「你就是改變世界的力量」，卻感到有些無力與難過，安慰回應：「一定有的，你到來的這幾天，對他們或你自己的生命而言，就是不再一樣了。」承認我們能做的有限，我卻同時討厭自己的渺小無能。

向老闆提出離職

在上班滿三年時，我確定我想要離開了。

其實上班的第一天，我就有了想辭職的念頭，覺得美好的幻想破滅，實在是脆弱的小菜鳥一隻。但後來漸漸上手，老闆也覺得我學得很快，慢慢才有了成就感，開始覺得自己像個專業的工作者，找到了投入工作的熱情。

但期間累積的身體疲累，與前述的心理壓力，讓我越來越想放下一切好好休息，卻不太敢和老闆提離職。因為從大學開始，協會就陪著我從懵懂的志工，到具備專業能力的帶領者，給我厚實的培養與關愛，總覺得離開就像是離家般，多少感到像是背叛的掙扎。

我也質疑是不是自己太沒用，才工作三年就心力交瘁，老闆和兩位主任可是已經投入了十多年，都還穩穩地站在這裡，為什麼我無法像他們一樣強壯？

不過還是趁著過年後開工，與老闆一對一的咖啡時間提了，說我想在半年後帶完暑期團隊時，離開這份工作。

那天在吵雜的咖啡廳，我緊張地面對老闆，他卻一如往常沉穩淡定：「很久之前就有聽其他同事說你想離職，不過一直都沒有確定，現在確定了嗎？」我有些尷尬地點點頭。

「那有想過之後要做什麼嗎？」說實話，我對未來充滿迷惘與不確定，不知道接下來要做什麼、去哪裡，只是想要光速逃離這裡。我告訴老闆，可能去讀心理諮商相關研究所吧，我一直對身心靈療癒有興趣。

這是一個我自己都感到模糊的回答，卻是一個漂亮的標準答案，任何離職都適用。老闆很支持我，也跟我分析了他對心理諮商的看法，我一邊聽著一邊感到飄忽，想著：「這次是真的了嗎？我真的就要離職了嗎？」腦中吶喊過一千次的任性就要成真了，卻不是想像中的愉悅狂喜，參雜了一些不捨與傷感。

身體總是最誠實

剩下最後半年就將重返自由，我反而更想加倍留下好成績，心中有個倔強的想法：「我要證明自己不是做不下去才離職的，我是一位很棒的好員工。」

那時我負責的是行銷企劃，包含網站、臉書等平台經營。行銷可怕的地方就在於，貼文觸及率、按讚數、說明會人數、計畫報名數等，都是清清楚楚的數字，執行的成果一看就知道，沒有招滿的計畫缺額，成了每天的夢魘。

為了證明自己，我努力做計畫宣傳，優化計畫的資訊提供、簡章排版，構思吸引人的包裝與文案，提供客製化的諮詢服務等，確實做出了不錯的成績，也被同事稱讚。

不過從三月開始，我的身體卻陸續出狀況，先是一個月內感冒了兩次，後來牙齦發炎紅腫，痛了一個禮拜。某天起床又脖子落枕，竟然過了幾個禮拜都沒有好，我開始尋求醫療協助，去物理治療所做電療、拉脖子，跑去看中醫吃藥粉，又找了整脊師調整按摩，還去做了瑜伽……但全都沒有用！脖子持續緊繃痠痛，到離職前都沒好。

有天下午，我在辦公室全神貫注工作，當終於把事情做完放鬆下來時，發現脖子與背部緊繃到不行，幾乎不太能動，差點痛到哭。我趕緊去泡了一杯熱茶，緩緩喝下，全身慢慢逼出汗後才稍微舒緩。當下驚覺我給自己的壓力，竟是這麼沉痛緊繃，差點把自己逼入崩潰。

轉眼到了九月，我帶完最後一個團隊，把剩下的補休一路排到離職前。最後一天進辦公室時，同事們幫我辦了餞別餐會，感謝彼此在過去三年半，一千多個日子的相互扶助。

那天離開辦公室，關上鐵門的那一剎那，感覺平實無華，沒有狂喜也沒有鬆一口氣，就好像明天還會繼續來上班一樣，那樣平凡日常。可卻是我出社會後重要的第一章節，靜靜闔上了。

離職後第一天，一路睡到十二點，睜眼醒來，發現不在辦公室而是躺在床上，心情有些微妙。又過了幾天，感覺身體不太一樣，特別地輕盈，轉動身體後發現，脖子的落枕竟然默默好了！整整半年求助西醫、中醫、按摩、瑜伽都沒有用，一離職竟然就立刻好了！

我對身體毫不掩飾的誠實感到一陣害羞。原來身體在半年前就吵著要我休息了，**當我還在壓榨自己，想要成為一個符合社會期待的更好的人時，只有身體真誠地為我捍衛，回應心中真切的渴望。**

親愛的身體，謝謝你，我聽到了，也聽懂了，接下來的日子，讓我們更誠實地面對自己，過一段只為自己而活的日子吧！

廢柴青年的快意人生

關於離職，我近乎是「裸裝跳機」的狀態。沒有清楚的下一步，身上不到十萬塊的存款，就急急跳機投奔自由了。

幸運的是，在經濟壓力方面，因為我一直都是住在家裡，沒有房租的沉重負擔，與媽媽的共識是她一如往常供吃住，但是我不跟她拿錢，個人的花費自己負擔。所以在「活得下去」的前提下，有一段可探索的時間與空間。

接下來要做什麼，說實話我不知道，但知道自己想嘗試文字接案，想學學身心靈課程，往療癒者的領域走去。心底隱隱有光亮，只是眼前黑暗一片，不知道路在哪裡？

「贖身」後我每天早上睡到飽，學習自己有興趣的事，把想看的書跟電影都補回來，跟許久不見的朋友吃飯聊聊，過了一個月簡單愜意的生活，精神重新飽滿了起來。

原本以為，我會非常享受自由之身，時間又全部掌握在自己手上。可是漸漸開始有人問起：「你之後要做什麼呢？」「已經在找下一份工作了嗎？」當時只想繼續充電的我，內心因此隱隱升起一股罪惡感：「我是否不該停下，要趕快繼續工作？」「其他人都在往前，我不快點追上，就要被遠遠拋在後面了！」

每天下樓買午餐，經過警衛室時我都會暗自揣測：「警衛會不會發現我沒去上班，覺得我是條米蟲啊？」然後低頭快步走過。有次偶遇打掃阿姨，她問我還是學生嗎，我說不是，我在家裡工作。我自詡為自由文字工作者，只是還沒有案子找上門。

焦慮到底的時候，也想過要不要隨便找個工作，把自己塞進去算了？可是，原本想離職，就是希望能給自己一段時間好好沉澱，想清楚後面的路再繼續走。

「工作」到底是什麼？我為什麼要工作？我想做什麼樣的工作？更深刻一點：我想過什麼樣的生活？成為怎樣的人？這些一直以來在日常瑣事

中迴避的人生問題，碰上了空白的日子，終究避不了一直在心裡冒出，逼迫我好好去面對。

後來我開始讀到一些資料，發現這個世代對工作的定義與想法，好像正悄悄改變，世上有些人不只是選擇工作，而是選擇真正讓他們快樂的生活方式，找回屬於自己的人生。

廢柴青年：以最低花費和工時，也能過想要的日子

首先是在端傳媒上，一篇名為〈「廢柴」的快樂生活 日本青年人：不為國家而活〉的報導，描述以勤奮為名的日本大國，也開始出現「從勞動迷思中覺醒的青年」。他們重新思考終身奉獻給工作的生命，到底為了什麼？如果只是為了活著而工作賺錢，那減少自己的慾望與開銷，是否就也能離開不喜歡的工作，把生命投注在真正熱愛的事物上？

「我喜歡做菜，不愛工作，想過好的生活，一定要通過拚命掙錢來實現嗎？掙得少也花得少，同樣可以獲得自己想要的生活。」抱持同樣想法

的青年人逐漸增加。

這篇報導讓我為之一振，發現與自己不謀而合！

離職後我也發現，因為不再有固定收入，反而需要好好省視自己過去的收入都花在哪裡，自己是不是真正需要這些東西？為什麼工作三年多，每月三萬多的薪水，最後只剩不到十萬的存款，錢都去哪裡了？

其實只買伙食跟必需品的話，需要的錢真的不多，可是過去在消費主義的催眠下，一直拚命工作賺錢，想買下那些以為可以滿足慾望的商品，想像我們可以因此變得更帥氣、甜美、專業、厲害。事實上卻是一次次幻滅，發現自己還是原來的自己，我們以為是沒有買到對的東西，於是更努力追求，結果「為了好生活就必須工作賺錢」這樣的思考就像皮鞭，抽打著我們每個人沒日沒夜投入資本主義的大遊戲，像轉不出牢籠的倉鼠。

當代社會學家齊格蒙・鮑曼（Zygmunt Bauman）曾在《工作、消費與新貧》一書中指出，現代社會已經從「生產者社會」變到「消費者社會」，消費美學驅策著人們投入工作，以換取能代表個人身分地位的商品，我們消費的不是商品本身的價值，而是它背後所代表的符號、帶來的意義。我們想像藉著揹一個名牌包、開一輛跑車，就能帶來他人的認同、尊重、愛，成為一個理想的自己。

但既然我們所追求的，是商品背後的意義，是一個被愛與尊重的自己，是理想的生活方式，那是不是可以拋下僅是形象的商品，直接追求背後的意義，與充實的人生呢？

理想的生活不一定要用錢堆疊出來，有些我們想要的東西其實不用錢也能擁有。當我們能從「想要好生活就必須有錢，因此要拚命工作」的迷思中解放，就能重新思考工作的意義是什麼，自己為何工作？想擁有怎樣的人生。

斜槓青年：不滿足於單一職業，擁有許多真正熱愛的事物

第二個新思維，是近年來新興的「斜槓青年」。

斜槓的意思來自符號「／」，是指有許多人不再只有單一職業或身分，他們會運用自身的專長或興趣，身兼數職，因此在名片上他們用

「／」來表示自己的多重身分。

斜槓青年不是為了多賺錢而多兼職，而是藉由不同的身分體驗更豐富的人生，畢竟生命只有一次，如果只侷限在單一工作的框框中，而不是盡可能挖掘人生的多樣性，就太可惜了。

作者 Susan Kuang 在暢銷著作《斜槓青年》一書中，同樣重新思考了工作的意義：

「工作不過是手段，不是目的。的確，賺錢十分重要，因為錢為我們提供了生活所需，帶來安全感，可是如果已經有足夠支撐自己生活的資金，那麼可否不再把賺錢看成當下最重要的目標了呢？」

「我絕對不是在否定上班這件事，畢竟朝九晚五是現在大多數人的生活方式。但我們需要意識到，它既不是賺錢的唯一方式，也不是實現自我價值的唯一方式。」

過去我們侷限於工業時代「一個蘿蔔一個坑」的框架，個人的時間與精力也有限，可是在資訊化時代，我們其實擁有更多免費的學習資源，與更低成本的創業機會，例如：YouTuber、網路小說家、專欄作家等，都是這個世代青年的絕佳機會。

釐清工作的意義，正視心中的期望，善用自我的能力與資源，我們都可以是自由而多元的斜槓青年。

無條件基本收入：不必為生存而工作，人應擁有選擇與自由

最後一個新思維，是因應自動機械化時代，社會將面臨大量失業人口而生的應對方式：「無條件基本收入」。

無條件基本收入（Unconditional Basic Income），簡稱ＵＢＩ，是指在機械取代人力的時代，人們仍有權享受生產結果，方法是由政府固定發放基本收入給每位國民，不論年齡、性別、身分、背景，讓無法勞動者也有基本存活的權利。

這個方式，可以讓人們從「為生存而勞動」中解放，因為生活有了基本保障，不必為賺錢從事不喜歡的工作，反而可以花時間在真正喜愛的事情上，而想賺取更多收入者，也能自由選擇繼續工作。也許人類社會將因

此更進步，人們得以過更有意義的人生。

有人擔心，此舉會降低人們的工作意願，使整個經濟衰退，對於現在社會「天下沒有白吃的午餐」的觀念，也是非常大的衝擊。

一九七四到一九七九年，加拿大政府曾做過相關的實驗，發現領取到基本收入的受試城鎮上，「男性不容易輟學，女性則可申請較長的產假。整體上人們在生理與心理上都更健康，藥物濫用、家暴、酒駕減少、上醫院的次數與費用將相對減少。」

二〇〇九年在非洲納米比亞也實驗發現，當地居民營養不良從百分之四十二下降到百分之十，擁有足夠的食物，讓他們變得更積極，開始用心過生活，就業率也不減反增，因為人們開始能無後顧之憂從事喜歡的工作，像是小型創業等。

無條件基本收入目前在世界各國，都有不同的組織在研究與推動，包含台灣也在二〇一六年加入基本收入全球網。二〇一九年美國民主黨總統初選參選人，本身也是台裔的楊安澤，在他的競選政見中大力提倡「自由紅利」（freedom dividend），他評估自動化設備發展，將在二〇三〇年取代掉四億個工作機會，所以將這些自動化產值分配給人民，就像公司分紅給員工一樣，十八歲以上公民每人每月發放一千美元，正是適當的應對之道。

期待台灣也有更多人開始注意這個議題，討論未來生活的不同可能。這些新的思考，是我從前忙於工作時，完全無暇關注的新興發展。

我們從日本青年身上看見，就算被當成廢柴，也要有為自己人生選擇的勇氣；斜槓青年告訴我們，工作與人生不該只是單一的，你可以追求更豐富的生命；無條件基本收入，帶我們想像一個從工作解放出來的社會，人類將更加自由。

世界正在快速轉變，我們的生活與工作也不可避免直面這些變化。**面對流速太快的世界，我發現若只是焦慮著要跟上，卻沒有自己的方向與目標，都是一種能量的亂竄，始終達不到理想的安定人生，也不會真正快樂。**

我提醒自己：「想清楚自己要的工作與人生，你永遠有權給自己這些思考的時間！」深刻探尋內在的追求，即使有短期無法改變的現實因素，但我相信新思維一旦轉動，就能更積極地朝向想要的人生前進。

再訪泰緬邊境

離職後的一個月，我去了泰緬邊境旅行，這是我第二次到訪，跟著老朋友「全球在地行動公益協會」（Glocal Action），認識他們資助的當地社群。

第一次來到這裡時，是在四年前的年底，我捧著剛失戀的破碎靈魂，害怕要自己一個人跨年，就匆匆報名了這趟旅行，逃到遠遠的國度，療自己心口的傷。

難民與移工的強韌力量

位在泰國北部，與緬甸交界的美索鎮，擁有獨特的地理位置，一直以來都是兩國交通往來要道。

因為緬甸內部的動亂與貧困，有大批被迫害的少數民族逃到這裡成為難民，居住在難民營中已超過數十年。還有許多到泰國尋求工作機會的緬甸人，沒有合法的身分，被稱為「移工」，非法地躲在山林或工廠中，從事勞力密集的低薪工作。他們的子女也沒有合法身分，不能進入泰國正式教育體系，只能自力辦學成立移工學校。Glocal Action 就長期資助這些移工學校，讓孩子們在異鄉，也能享有學習的權利。

其中一間叫做 Heavenly Home 的中途之家，專門收留父母在遠地工作的孩子，創辦人 Lily 是緬甸華僑，她在二〇〇四年來到當地，發現這群無人照顧的孩子，便決定創立這個機構，從一開始的兩、三人，到現在七十三位孩子，最大的孩子已經二十歲，其中也有失明或其他身體障礙的孩童。

我們到訪的這一天，陪著孩子們一起畫畫，我發現他們之間非常友愛，不會搶紙爭筆或吵架，大孩子也會主動幫忙照顧較小的孩子。辦學人的教育方式，體現在孩子們的表現上。

「他們都是我的孩子，我們已經分不開了。」Lily 這樣告訴我們，即使經營困難，每月需要大量的經費，但她仍為孩子們屹立在此，就像邊境中的一艘諾亞方舟，讓孩子不再飄泊，有個停留的家。

原本耽溺於失戀慘劇，覺得世界就此天崩地裂的我，看到當地人在極度困難的處境下，仍保持樂觀與堅毅，繼續努力活著，孩子們也總是笑得天真，讓我發現自己的煩惱真是微不足道，甚至還有些奢侈。

離開他卻遇見世界

跨年那天，我們來到距離美索約一小時車程的山上，寄宿在泰國克倫族部落。這些部落沒有自來水與電力系統，一切仰賴自然，與千年前一樣，過著傳統的原野生活。

那天晚上，進入夜裡的部落沒有半點燈光，黑暗裡伸手不見五指。整個部落靜悄悄，好似一座空城。在我們頭頂上，卻有漫天的星空，數萬顆星星熠熠閃動，整片銀河將我們溫柔包覆著。

我們一行十個人，安靜地在夜空裡用氣音倒數：「五、四、三、二、一……新年快樂！」沒有煙火也沒有歡呼，只有最無聲的黑夜，如此不熱鬧，卻有種平靜在心中迸裂，深深療癒了那年的我，知道無論如何生活都還能繼續，離開了他卻遇見全世界，擁有了重新站起的勇氣。

是什麼讓你們站在這裡

或許正是那一年它帶來的非凡意義，讓我在離職後想要再次回去。這裡有著太多故事，值得再細覽一回，就像一部好看的電影，讓人想在抓住了劇情發展後，回頭再細細品味第二次，看看那些沒發現的細節、台詞，再感受一次情緒強烈的片段。

回到當地，再次看見上回認識的在地人，他們知道有人回訪參與，都覺得非常開心。原來只是單純地回去，都是對他們最直接的支持，讓他們知道我們不只是旅人、過客，更真正願意與他們站在一塊兒。

旅程中，同行的團員們各有不同的工作，有藥師、園療師、醫生、老師、公務員，他們問我為何離開了志工領隊的工作，而我則是回問，是什麼讓你們堅持在原本的工作上呢？特別是同行的計畫領隊，她與我差不多年紀，也做著相似的人道救援工作，我好想知道為何她可以繼續堅持，我卻累得走不下去。

慢慢到了旅程後段，我才摸清原來自己再回去，不只是想念當地，而是心中有份愧歉想知道答案：

致力海外社區發展工作的這些年，我有了越來越多的自我懷疑——到底我們做的事是不是對的？是不是社區需要的？有沒有成效？有沒有可能讓當地真正獨立自主，不再需要我們的一天？

我時常被這些問題追著跑，心裡始終不那麼理直氣壯，能夠大聲地說：「對！我們走在正確的路上！」那他們呢？是怎麼讓自己信服正在做的事，然後繼續勇敢往前？

在邊境奮鬥的這群人們，有人早早從一九八〇年代，就開始援助從緬甸出逃的難民，有幾位前輩更是心甘情願把自己種下，十幾二十年，堅定地守護在這裏，甚至就在這裡成了家。自力建立移工與部落教育的老師、家長們，也在困苦的環境中，沒有資源仍做出了他們想要的改變。

為何他們能繼續前進，我卻脆弱又矛盾，是哪裡出了問題？

讓思辨帶著你去更好的地方

後來在旅程的最後一天，一位在當地超過二十年的人道救援工作前輩——良恕姐，告訴我其實他們也充滿了矛盾、紛爭，甚至有時也分裂著。

二十年前當她剛來時，所有的資源與關注都放在難民營上，卻沒有人發現泰國境內的偏遠克倫部落，完全被政府忽視，連一間學校也沒有。

「有一位村長，坐了好久的車，再步行了很遠一段路，來到山下向我們求助，說部落的孩子們渴望上學、識字，不然不懂泰語的他們，每次生病到了醫療站，都因為語言與身分隔閡，被當成狗一般對待。」

那時他們面臨到一個抉擇：該把已經不足的資源，再切割分配嗎？內部有許多不同的意見，有人認為專注在難民營就好，有人覺得援助不該區分群體，有人需要就該盡力去做。

「後來實際到訪部落後我們發現，相較難民營內有免費的物資提供，其實部落環境更加艱苦，面臨到更加不公的待遇。」於是他們試驗性開始了「部落教育計畫」，由居民合力用竹子、樹葉等天然材料蓋學校，台灣組織培訓部落老師與提供薪資，就這麼草創起第一所部落學校。

「二十年過去了，現在當地十個部落都有了小學，孩子們學習著泰語和克倫傳統文化，多了守護自己的能力。」

原來他們也是這樣走過來的，我漸漸明白，世上本來就沒有單一價值、普世的絕對標準，反而有著一堆是非對錯的爭論，甚至到最終都沒有標準答案；但在這些思辨與實踐的過程中，更多元的空間也因此被打開，更多的人就可能因此受惠。

這個道理在每一份工作上，其實也是一樣的，可能我們會對於自己做的事掙扎、懷疑，不確定它的價值所在，不知道那是不是最好的選擇。不過我們能做的，**其實就是為自己找到一個心安理得、心甘情願的位置，選擇自己所相信的事物，然後奮鬥到底。**

我後來在那次回程的飛機上，看到另一位駐點泰緬十年的工作者黃婷鈺，在著作《105號公路》中寫著：「『援助』的本質，是對自己永無止境的倫理思辨。」

我終於稍稍放寬了心，知道自己工作到最後的那些自我懷疑，是許多援助與社區工作者，永遠都會有的掙扎與省思，我們誰也沒有答案，都在拉扯中不斷思辨。

可是正是這些思辨與質疑，能帶我們去到更好的地方，做出更好的選擇。**無論將來要做什麼樣的工作，都會有它的糾結與不易，別只停留原地，讓思緒保有前行、更新的空間，迎接永遠可以更好的自己。**

忠於你的靈魂

離職後我有兩件想做的事：寫作與身心靈療癒。開啟這兩件事的契機，其實都源自於二十五歲時的那場失戀，我與交往三年的男友分手，正確來說應該是被甩了。自尊心高但事實上很脆弱的我，無法接受這樣的失敗，情傷讓我哭了整整一個禮拜。

我想成為那樣的人

我開始意識到自己在愛情中的渴求、不安全感、控制欲，其實都與原生家庭的成長經驗有關，父親從我小的時候就有外遇，總是與母親吵吵鬧鬧，使我無法輕易信任親密關係，卻也渴望有個人能拯救我。

我開始研讀家庭療癒和相關的心理書籍，漸漸像開啟一扇靈性大門，發現單純從今生的心理現象來看也許不夠，再向上認識了靈魂的前世今生、人類圖等，接著又因為情緒影響了身體，開始接觸花精、芳香療法、食療、瑜伽，還有身心靈怎麼彼此牽動的學問，很像是闖入哈利波特的魔法世界，讓我打開了與以前完全不同的眼光，看自己和世界的方式，從此不再一樣。

我時常被這些靈性的訊息觸動，就像初次認識人類圖時，當我知道我是要「等待被邀請的投射者」，不需要跟著主流價值強調的「積極爭取」，而要回歸自己真心喜愛的事，等待才華被看見而被邀請，才會真正發揮出對的能量。**當下我覺得自己被釋放了，原來我們每個人都不一樣，我不是一定要怎麼做，才能成功，我有屬於自己的運作方式，屬於自己的成功定義。**

我也慢慢發現，整個世界在追求物質慾望與名利的單一價值下，許多情緒與壓力都被壓抑得更深，很多人是不快樂的，甚至因此生病或想結束生命。所以我開始感受到，靈魂的深處想成為一位身心靈的療癒工作者，把溫暖的、靈性的、充滿愛的力量帶給大家，也帶給我自己，讓每個人能好好愛自己，愛這個生命。

我將這些心情書寫成文章，投稿到女人迷，竟意外收到他們的邀約，請我成為駐站專欄作家。我還記得那天是失戀後的第一個單身情人節，編輯來信：「真的好喜歡你的文字，像一首歌輕輕地唱，希望正式邀請你來女人迷當專欄作家！」我欣喜若狂，像收到這輩子最棒的情人節禮物一般，開啟了專欄寫作的生涯。

在女人迷分享自己受傷的故事後，我偶爾會收到來自讀者的回饋：「謝謝你的文字，我也曾經歷這樣的失戀。希望你繼續分享你的故事，鼓勵每一個愛過也失去過的人。」我感受到身上有股能量，可以將生命的失落轉化成鼓勵他人的故事，讓我覺得感激，也更希望往療癒的這條路上走去。

我相信就像達賴喇嘛說的：「這個世界不需要更多成功的人，但是迫切需要各式各樣能夠帶來和平的人；能夠療癒的人；能夠修復的人；會說故事的人；還有懂愛的人。」我想成為那樣的人。

當世界不了解你

當我開始學習與分享身心靈訊息時，有許多朋友很支持，也真的為他們帶來一些幫助，可是我也發現，許多人其實不理解也不支持，有時甚至會冷嘲熱諷。

我曾經在臉書上分享自己去做花精按摩的故事，講到按摩師針對我的身體狀況推測出的心理狀態很準確，有許多不曾開口的心底事都被講中，感覺神奇又療癒。就有一位朋友留言：「你那是巴納姆效應啦，那些描述放在每個人身上都很適用，所以你不應該太相信這些事情！」其他自己本身有宗教信仰的朋友，看到我在使用牌卡，也告訴我：「不要碰那些怪力亂神的東西，跟著我一起學習禱告吧！」

雖然他們都沒有惡意，但是當自己喜歡的東西被否定，仍舊感到受傷。

而更難面對的，是自己的家人。尤其那時正值「seafood 事件」，整個社會對宗教或靈修議題都更加敏感，家人看到我房間出現瓶瓶罐罐的花精和精油，或是一張張看不懂的人類圖，也擔心我會不會誤入歧途、走火入魔，被奇怪的老師騙了。

那時我非常難過，也一度討厭自己喜歡的東西，為什麼都這麼非主流，這麼需要解釋，還很少人相信。

回想我大學時讀人文社會系，總是會被問：「那在讀什麼？讀出來之後可以做什麼工作？」畢業後投身國際志工的工作，也常常被問：「這也可以當工作喔？你們有領薪水嗎？」有時候真的希望，我是位老師或醫生，走在社會期待的路上，在主流的行列之中，也許就不會覺得自己奇怪。

有時為了保護自己，會刻意不提我喜歡的這些事情，認為對方一定無法理解與接受；偶爾遇到提出質疑的人，會為了捍衛自己跟對方辯駁，連對方的話都還沒聽完，就急著插嘴反駁，變成一個充滿刺的人，然後在爭執過後又討厭這樣的自己。

忠於你的靈魂

有天晚上，我剛上完一堂自然療法課程，男友來載我回家。他是一位創業家，自己開立了影像工作室，雖然年紀比我小兩歲，卻有著比我豐富的職場經驗。

他問我今天課上得怎樣？我淡淡回應：「嗯，還不錯啊。」然後那陣子累積的壓力突然爆發出來：「我覺得好孤單喔，為什麼我好喜歡這些事，但是大家都不懂，連家人都覺得我很奇怪。」我在停車場裡崩潰哭著，自己都被突如其來的情緒嚇到。男友卻笑笑回應：「欸！這就是創業的感覺啊！不知道怎麼解釋，可是你就是喜歡到不行，也想一直做下去。」

喔？原來就是這樣嗎？我停下哭泣，看著男友，覺得那個當下被深深觸動，這份孤單被理解了。原來不管是不是在創業，只要走在一條跟別人不一樣的路上，你就是在活出自己，就是一種開創，就會有這樣孤獨卻無法停下的感覺。

每個人的道路絕對都是獨一無二的，重點不是怎麼讓人家懂，而是你怎麼堅持到底，讓別人看見。看見了，相不相信都是他們的自由，但你不再需要多說什麼，自己知道最重要。

我其實很幸運，找到了自己想做的事，知道即使這條路會很困難，在目前主流社會下不被重視，也沒有辦法選擇其他不是心之所向的事物。只有為了這件事，我會願意在下班後的空檔，在假日投入時間與金錢學習；只有為了這件事，我會不顧跨年時的倒數，守在電腦前搶一門大師級的精油課；也只有為了這件事，我會開開心心與朋友分享，並想像自己以後要以此為業。

這些最深層最有力的內在動能，都是來自靈魂的召喚，他正推著我向前，活成自己來到這個世界的理由。

就像每一次靈魂為之震動，我都更加肯定知道，這就是我要的。記得有次我請芳療老師幫我調油，她說我那陣子因為家中的重大變故影響後，氣鬱、不安，心神不寧，因此挑了義大利永久花精油給我。我原本只知道永久花的功效是化瘀解鬱，回家翻看精油書後，發現它的靈性訊息是：「讓因受傷而封閉的心，再次為愛開啟。」當下一行眼淚就落下來，覺得自己最脆弱的地方被觸摸了。因此我真的相信，這些事物能帶給人們療癒。

我想這也不只是選擇的道路主不主流的問題，我曾遇過想讀設計，但父母叫他考公職的學生，或是不喜歡讀書，但家人希望他讀醫科，將來接手自家診所的孩子。大家都在「成為自己」，與「他人的期許」間拉扯。

所以，找到自己熱愛的事物後，更多的自我突破不只是關於能力如何達成夢想，**更多時候是你怎麼突破在乎他人眼光的自己，怎麼突破沒有勇氣溝通的自己，怎麼突破沒有自信的自己**。

成為自我這件事，也許永遠都會在恐懼與熱情之間擺盪，可是有一天你會發現，忠於自己的靈魂，會帶你漸漸長出勇氣，朝向該前往的地方走去。

重點是你怎麼看自己

記得離職時，我曾在臉書上宣告自己的狀態，當時有一段這麼寫著：

「因著工作與生命的一個個事件，映照出我內在的樣貌，我開始意識到自己的內心如何被家庭養成，靈魂又如何隱隱卻強烈地導引我們一生。如果能誠實面對自己，接納自己，不只是從表面責備自己怎麼能力不好、個性不好、命運不好，而是從根本了解看不見的內在如何湧動，好好把那些意識、愛、自由找回來，過圓滿的日子，那每個人都會真正幸福。

我想當這樣的一個人，走一遍愛回自己的歷程，過上生活本該的品質，把這些歷程透過文字、話語，分享給每一個相遇的靈魂，讓每個人都能好好活著，好好愛。

說起來是這麼模糊，自己也有點害怕那般不明確，但我的靈魂仍是為此激動、渴望。

老實說接下來的路真的不確定怎麼走，可能上上身心靈課程，可能到處走走旅行，也歡迎大家的各式邀約：吃飯聊天、看人類圖、演講、活動、工作機會，我可以主持、辦活動、行政、帶團、文字編輯、資料蒐集與統整、陪小孩！」

一方面交代了近況，另一方面也毛遂自薦了一番，希望能吸引到相關的工作機會。

果然離職後第一個月，就有朋友介紹了文字接案工作，是關於社會企業相關的文章撰寫，兩篇文章共賺了八千多元的稿費，成為了自由工作後的第一筆收入。

雖然只有八千多元，對我而言卻意義重大，那代表我真的有機會透過寫作這份能力，開始接案工作，嘗試不同的可能性。

我一直在證明自己

我一完成那份工作，就馬上跟媽媽分享：「你看，我寫兩篇文章就賺了八千元，是不是很棒？」當時的我並不知道，自己其實是想向媽媽證明些什麼。

當初離職，媽媽並沒有什麼意見，只說：「不想做就沒關係啊，只是我以為你做得很開心，看你假日都去工作。」我確實鮮少將工作上的壓力告訴她，可能出於一種孩子的自尊或體貼吧，希望父母不要擔心自己，總是展現出沒有問題的那一面。

雖然很幸運，沒有被媽媽催促趕快去找工作，也讓我安心住在家中，省下許多花費，但我仍隱隱感到愧疚。特別是弟弟在我離職三個月後，開始進入職場工作，體貼的他主動幫忙擔負了管理費與水電瓦斯，雖然媽媽的收入其實穩定，他仍想幫忙，卻也讓我這個長兩歲的姊姊，感到心虛與不安，怎麼變成了一個待在家裡的米蟲。

平常早上七點多，他們就出門去上班了，我還躺在床上睡到十二點，再悠悠起來吃飯、慢慢寫稿。對比去工作的他們，我察覺自己悠哉地不像話，也深感能這樣無慮生活，是因為有他們的收入支撐著。每次腦中浮現這些念頭，充滿罪惡感時我就會趕緊告訴自己：「你也有工作過三年多啦，只是現在休息而已。」「弟弟大學畢業後比你多讀了兩年研究所，也是讓家裡養的，這樣算來你應該可以有兩年的扣打。」如此才能跟自己過得去。

腦中不時被這些糾結與自我安慰的小劇場佔據，但其實他們從未要求與怪罪。

為了平復這份焦慮，我一有工作機會就告訴他們，表面看似是輕鬆的日常分享，背後有著想證明自我的卑微。

隔了一片海的孤獨

當時喜歡的身心靈領域，他們也沒有什麼興趣，甚至有些擔心我會被怪力亂神的事情欺騙，我在分享時總會小心翼翼沿著邊緣探索，像是一次丟一點麵包屑般，試試他們可接受的邊界。

有陣子學了西藏頌缽，老師鼓勵我們回家為家人敲缽，讓他們體驗頌缽的神奇，我才剛拿出來敲了一下，他們立刻驚嚇地說：「這不是葬禮上在用的東西嗎！」我驚覺不對立刻收起，也沒有信心再繼續介紹下去。

心情上其實寂寞，特別是因為自己也還是身心靈領域的初學者，說不出什麼具體的學問，即使喜歡，仍無法表達無法說服。感覺在同一個屋子裡，跟家人緊密一起生活，中間卻像隔了一片海，在靈魂上我們終究都是獨立的個體，不一定總能理解、同心，在我不知道自己人生方向時，孤獨更加強烈。

我不確定自己該往哪裡走，喜歡身心靈的東西，但是這個領域那麼大，哪一個是我真正要的？文字工作真的能養活自己嗎，沒有穩定的案源怎麼辦？不去上班真的可以嗎，自由接案會不會有一餐沒一餐？不一起分擔家計是不是太自私了，夠資格當他們的家人嗎？

這些自我懷疑不斷在內心翻攪、膨脹、擴散，感覺就要把我吞沒。

媽媽給我的底氣

就當某天晚上我又窒息在這些難受的思考，快要承受不了時，決定打電話給媽媽。那天晚上雨下得很大，我把心底的焦慮赤裸裸地告訴她：「你會不會覺得我現在這樣不去上班，是一個很廢的女兒啊？」剛說完我的眼淚就無法控制地流瀉，好像積累已久的害怕終於打開了出口。

我一邊哭著，一邊緊握手機，戰戰兢兢等著媽媽的回應，感覺心就懸在電話那頭，知道一個回答就能讓我墜落或活下。

結果媽媽從容又堅定地說：「你是我的小孩，不管你怎麼樣我都會愛你。

「可是重點不是我怎麼看，而是你怎麼看你自己。你有沒有做到你想要的事情，成為你希望的人？」

她說她也是這樣對弟弟講的，當時弟弟讀完研究所，還不知道要做什麼時，媽媽告訴他做什麼都可以，想要當米蟲也沒關係，她都不會在意，因為她知道，每個人的人生是自己要去在乎的。

我頓時感受到一股厚實的力量，從我的體內湧現，那是理解了媽媽的想法後，終於從自我懷疑的恐懼中解放的自由。我深深感謝媽媽在那樣脆弱的時刻，用力抱緊了我，用她的方式告訴我，不用擔心，放心做你自己，我會在身後好好看顧，然後永遠愛你。

我像是生出了底氣一樣，在這堅實的後盾上，知道不必再擔心與猜疑，只要專注活出自我，那就已是最好的樣子，也是回報媽媽愛的最好方式。

享受待業，讓真實的自己跟上

離職後的那個年底，我去上了身心靈課程，即使報名費讓我的存款瞬間減少，我仍想了解這方面的學問，看看將來有沒有機會幫助他人。

我分別參加了精油療法與人類圖的課，兩位老師都是各自領域的專家，已有二十多年的累積，跟著她們一起學習，在課堂上發現全新觀看世界的方式，都讓我感到相當幸福。

後來精油課程結束後，我繼續向老師諮詢一些身體調理的問題，並聊到自己目前沒有工作，在家接案寫文章，同時想學身心靈學問等等。沒想到老師竟說：「我們工作室想要多找一位兼職員工，你要不要來我這邊工作，還可以順便學習？」這份邀約讓我欣喜不已，當天立刻就答應下來，開始每周三天到工作室與精油為伍。

結果好像轉運似的，隔一周我去上人類圖課程時，老師也詢問我有沒有興趣到他們公司工作，可惜當時我還沒想回到全職的工作狀態，只能感謝老師提供的珍貴機會。

但那一周的自己真是幸運無比，深受老天眷顧，連著被兩位仰慕的老師邀約工作，彷彿獨自摸黑走了一段時間後，漸漸看見前方有微光，感覺宇宙正為我指引著些什麼。

空出自己，才能迎接更多可能

沒過多久，有天我來到朋友 Sharon 創建的共同工作空間「滾出趣人生旅所」，去找她聊天。我在那裡遇見了另一位女生，她剛好處在非常焦慮的階段，思考著是否要離開原本的人資工作，去嘗試其他有興趣的事。

她為幾件事感到糾結：

1. 如果還不確定下一步要做什麼，就先停止現在手上的工作，會不會太冒險？財務部分怎麼辦？

2. 如果花時間探索，最後卻沒有得到明確的結果，是不是浪費了時間？
3. 當正在摸索時，會不會其他人已經遙遙領先自己，在原有的工作上更有成就了？

她被這些想法綑綁纏繞，像混亂的毛線團，絆住想要改變的腳步。可是有一件事是清楚的：她在原本的工作上不快樂，所以想要改變。

我可以理解她的不安與焦慮，因為在幾個月前，我也處在同樣的狀況，在完全沒有下一步規劃的狀況下就離職了。

財務上的壓力沒有少過，可是很神奇地，當我每次積蓄快要見底時，朋友就會丟來一兩個撰寫文字的案子，讓我那一個月又可以繼續存活。彷彿老天不讓我大富大貴，可是仍讓我活得好好的。害怕自己會餓死，變成只是我的多慮。

期間也看過一些身心靈相關的職缺，可是心裡總覺得，還是再等一等吧，我知道自己還需要一些摸索的時間。**有些朋友覺得我很有勇氣，怎麼**

敢於讓自己這段人生空白？可是我知道那不是勇氣，也許更像自私，因為我真的無法違背自己，為了生存去做不快樂的決定。

直到精油老師與人類圖老師捎來工作邀約，我才發現把自己「空白」出來真的很重要。如果我不曾聽從自己心裡的聲音，捨去不再熱愛的事物，空出全部的自己，我不會有時間與精力去探索那些想要的，也沒有辦法迎接這些新來到的機會，永遠不會知道原來人生還有這些可能性，原來我想要的理想生活，真的可能出現！

五個方法，一起安心待業

那天晚上，我和這位女生分享了自己的經驗，希望能給她一些信心，也討論了一些「安心待業」的方法：

1. 釐清焦慮來源：我們需要檢視關於「暫停工作，人生進度會大大落後」、「花時間探索自我，很浪費時間」，這些想法到底是自己真的相信，還是來自於其他人的價值約束？我們其實吸收了太多社會的集體焦慮，或是來自親友的壓力，但請靜下心來自問：「我自己真的這樣認為嗎？這是真的嗎？」還是我的想法其實不一樣？不再跟著別人的價值走，清楚自己的想法，我們的心中才會有更多力量。

2. 估算待業存糧：每個人的家庭與經濟狀況都不一樣，這是離職前需實際考量的，如同我自己住在家裡，但底線就是不跟家人拿錢。你可以先計算好自己的存款，估算每月平均支出，抓出實際可存活的天數，就可以知道自己的探索期可以多長。對狀況掌握度越高，我們就越不會害怕，為自己訂出明確的期限，你也不會浪費時間無止境地擔憂，期間若真的撐不下去，至少也能找短期的打工維持收入。

3. 告知家人計畫：如果你的家人有很多疑慮，試著把你的考量與計畫告訴他們，也讓他們知道你的財務狀況是不必擔憂的。我想很多時候，家人只是怕我們沒有想清楚就貿然行動，當他們知道你其實也審慎思考過了，就能放心許多。

4. 階段轉換模式：如果一下子把一周七天都變空白，對你來說太冒險了，你可以先抓一周工作四天，探索三天，或是你原本的工作是可以接案運作的，就接幾個不太忙的小案子，讓自己仍有份收入，但同時保有空白的彈性，用更穩健的步調去探索新的可能。

5. 讓世界邀請你：你可以告訴朋友自己現在的時間很有彈性，以及下一步想嘗試的領域，如同我在臉書上發出的「求職公告」，如果他們手上有些資訊可以轉告你，或是找你一起參加有趣的活動，搞不好很多意想不到的機會就會出現！

剩下的，就是好好運用這段待業時光，盡情嘗試、探索，那些以前沒有時間，沒有心力做的，通通都去試試吧！你才會知道自己真正熱愛什麼、想做什麼，過程中會有的焦慮與自我懷疑，也將成為鍛鍊你堅強心智的一部分。

我們後來聊著，「滾出趣」的創辦人 Sharon 突然有感而發：**「待**

業，其實是人生中的一種等待，不是等待下一份工作的到來，而是停下來，等等那個真實自由的自己，因為它被急快的腳步，落在半路上。」我們都無比同意。

如果你也聽見了來自心裡的聲音，那個改變的渴求，不要害怕讓自己待業、空白，在這些未知的探索之後，我們才會更接近真實的自己。

等準備好了再帶著自己出發，永遠也不嫌晚。

②

向心中的微光走去

身心靈的藥與路

在芳療工作室幫忙期間，雖然只有短短三個月，卻接觸到了大量的精油、自然療法知識，也學習了西藏頌缽療癒。

我像是個初闖魔法世界的小女巫，探索著每一項不同的療癒工具，驚訝於他們各自的神奇，也好想快點找到屬於自己的魔法。就像芳療老師用精油、自然療法為他人療癒；人類圖老師以人生使用說明書帶大家尋找方向；家庭治療老師從家庭結構拆解學員心中的糾結，她們都像擁有獨門兵器的女巫，用她們選定而擅長的方式幫助他人。我卻還不知道屬於我的方法會是什麼，只能盡可能地去學每一樣有興趣的事物，包含易經、塔羅、花精都去接觸了。

不過，我卻越學越疑惑。

一方面，我開始感覺自己也許不是女巫，只是個麻瓜。有次頌缽老師在課堂上，帶我們練習覺知，她要我們靜下心來，身體放鬆，雙手在胸前靠近，感受手掌中間有股溫熱。可是我卻什麼都感應不到，腦子亂紛紛的，想說是不是我哪裡做錯了？當同學們全都專注練習，而且表示都有感覺，甚至說指尖會麻麻時，我更加緊張自己竟毫無感受力，會不會根本就不是從事身心靈療癒的料。

在這個圈子很容易遇到體質敏感的朋友，他們有些感應得到能量、看得見靈體，或是能與神靈溝通，甚至能夠感知到前世記憶。比較平凡的也至少對精油的氣味敏感，能快速記住每一支油的特性，知道該用在什麼地方。相較之下，我的感應通道似乎沒有開啟，還嚴重堵塞。雖然有著好奇心想要學習，但在這些課堂裡我成了資質駑鈍的學生，逐漸懷疑這不是宇宙安排給我的道路。

另一方面，我一直覺得世上應有一條最正確的道路，但我始終找不到。

對於生命為什麼會誕生？我們在這裡的意義？人應該怎樣正確活著，才能減少讓靈魂痛苦地碰撞？一直是我希望在身心靈裡獲得的答案。

我不斷學習不同的系統，對於真理有著真切至極的渴求，就像古代的鍊金術士，想一頭穿越地球，尋求宇宙的真相。我一直認為一定有一個終極的解答，能把一切包含，但是卻沒有一個系統能滿足我，越學越多，我發現每個系統都有極限，都有盲點，到底最終的答案在哪裡？

我就像無頭蒼蠅到處亂撞、迷惘，**每當遇到有人問我最近在學什麼，以後要往哪裡走，我都心虛得不想回答，覺得沒有遇到最漂亮、最正確、最全知的那一條路。**深怕一輩子都找不到那個解答，我每天晚上被這樣的未知與恐懼纏繞，失眠了很長一段時間。

在芳療工作室的學習結束前，老師問我：「學了這麼多，你有沒有確定要往哪一個領域繼續深入？像是精油或頌缽？」我無力地搖搖頭，說我不覺得自己會是這方面的療癒師。老師露出失望神情：「你當初說想學習，我盡量把會的東西教給你，希望你能用這些工具去幫助人，雖然本來就不能強迫你，但我還是感覺滿可惜的。」我對老師滿是愧歉，覺得辜負了她的栽培，失落不已。

正確答案從不存在

就這麼持續困頓了一段時間，一個月後我在網路上看見了一篇文章。有位身心靈老師比喻了療癒系統間的關聯：假如人是一台電腦，西醫就是主攻硬體設備汰換，中醫是軟體系統維修，風水是電腦房的冷氣、管線配置，而心靈治療就是網路工程，反映你受到更高更廣的外在環境、能量的影響，有時還會遭到駭客入侵，家族治療則是把跟你在同一區域的網絡形態進行檢視。

看完這個比喻的當下，我感覺自己的困惑終於被抒解開了，終於清楚明白自己為何一直什麼都想要學，為什麼一直被生命引導去接觸不同的系統，因為我想要知道的，就是這樣的「整體」。

原來每一個學問都各自扮演著不同角色，在不同位置上幫助著生命。不需要執著於追求「最正確」的那個答案，因為「全部」就是答案，所以每一個部分都重要。生命是全部為一體的，我們就是整體中的一部分，以自己的角色伸展生命的樣態，就是用自己的方式更完整這個宇宙！

所以重點不在於追求最對、最終極的那個答案，因為根本不存在，只要追求「自己最喜歡、最有感覺的事」，把那件事，把自己活出來，就是生命的意義。

想通的那瞬間，我感覺有股暖流從身體湧上，我一邊看著書架上滿滿一排的身心靈書籍，一邊激動想著：「原來沒有誰不夠好，你們全是對的。」

那天晚上，覺得心中卡了很久的死結被鬆開了，我平靜又放鬆地睡去，是我那陣子睡得最香甜的一天。

屬於我的文字療法

走了一大段路，繞經很多身心靈系統，我發現他們能帶給人們的並不是「一顆藥」，而是「一條路」。也許特定系統在當下能提供新的觀點與療癒的話語，但是當我們回到日常生活時，若無法依據這些心靈工具提供的指引，真正實踐並做出改變，那這些心靈工具反而只淪為了「特效藥」，受傷了就趕緊吞一顆，或是一個避風港，每當我們想逃就躲進去。這樣的生命並不會真正轉變，前往我們想要的那個方向。

所以身心靈系統為我們指引一個方向後，我們一定要勇敢走上那條長長的路，在日後每一天的生命中實踐，活著、活好，才是學習這一切學問的意義。

現在想想這個過程，就像《小王子》的旅途，對於自己擁有的玫瑰有了遲疑，想透過出走找解答，繞經好多星球看見不同人的生命哲學時，發現每個人都如此不同，也更認識自己想要什麼、不想要什麼，最後才發現，也許世界上的東西都是一樣的，沒有最正確、最好的那個選擇，但我們能自由投注時間與愛，讓自己所選的那一個如此不同。

後來一年，我沒有再刻意安排身心靈的學習了，也逐漸發現屬於我的魔法工具，其實不是任何一種系統，而是早就出現已久的，我的文字。

當我寫下自己失戀時經歷的痛苦、失落、悲傷，回到原生家庭探求的歷程，以及離職後走過的心慌、不安、恐懼，這些深刻而真實的自我剖析，不帶有任何身心靈的知識學問，卻往往因為真誠的分享，觸動了許多的讀者。

有時我會在接近凌晨時分收到來信：「看到你的文章，讓我停留許久，回想了最近失去的人。」我遠遠地想像那個素未謀面的他，在這個時間應該是獨自一人，感到孤單又寂寥吧，而我的文字就像穿越了一片海洋，漂到了面前與他相遇，告訴他：「沒關係，你不要怕，我也經歷過喔。」哪怕只是給予了一點點的安慰，都讓我覺得自己能夠寫字，去給遠方的人一些溫暖，真好。

也許我沒有天分，成為某個身心靈學問大師，但只要我願意好好感受生活，用生命去學習，用文字去陪伴，我想我就已找到了，屬於我的療癒魔法。

宇宙會陪你一起走

其實剛開始寫專欄的那兩年，我一度懷疑自己是不會寫字的人。

雖然身邊朋友都稱讚我的文筆，可是一到女人迷網站，所有的編輯與作者都才華洋溢，每每閱讀他們的文字，那些精準的比喻，還有獨特的用詞，都讓我自嘆不如，怎麼自己的文字如此平凡無華，也很想像他們一樣，寫出一篇百萬人閱讀的文章，被眾人愛戴。

那時候也忙於志工領隊的全職工作，寫作斷斷續續，對自己的文字又沒信心，不敢認真經營，總以為這樣就不用承擔失敗的風險。有陣子甚至想說，那就把專欄當作是個人部落格吧，反正我也不是專業作家，就像在KTV唱歌稍微好聽點的素人，怎麼跟真正的歌手比。

以看似不在意、其實怕失敗的心態過了一年半，專欄的訂閱數才終於破百。正為自己的小突破感到開心時，與我合作已久的編輯卻離職了，少了熟悉的夥伴，我一度覺得自己像被拋棄的孩子，找不到能與我討論內容、給我建議的人。當時我剛好有篇新文章上線，但是遲遲沒有被放到女人迷粉專上宣傳，不小心被漏掉了，提醒後他們才趕緊幫我補上。當下我很氣餒，覺得自己就是不被重視的作者，因為文筆不夠好，議題不夠獨特，所以沒有讀者注意，也沒有編輯在意。

自己唯一能端上檯面的才能也不過如此，我真的不知道還可以做什麼。在這樣的怨懟中，遲遲無法跳脫。

直到有次去上花精課，老師讓我們抽花卡，我抽到了一張「楊柳」，楊柳花精的狀態是「受害者心態」：一直怨天尤人，以怨懟的眼光看待一切，覺得自己沒有被好好對待，把發生的遭遇都怪罪給他人。抽到的當下我完全講不出話，訝異花精卡神準戳中我的要害，給了我一記精確的提醒：快從抱怨中站起來，重拾自己生命的責任，看見事物美好的一面。

我知道，寫字是我的選擇，開專欄也是我心甘情願的，**即使文章受歡迎的程度不是我能控制，可是我能不能回到當初寫字的初衷，只是單純地「喜歡寫字」，喜歡那個用文字梳理自己的過程，喜歡用文字交新朋友的**

喜悅。

「我真的好喜歡寫字啊！」每次寫作時，我都這樣想著。每當我有一個深刻的感受，在細細想著怎麼用文字表達時，世界都安靜了下來，我的心也好平靜，不再理會時間流過了多少，也沒有那些焦慮不安，只有我跟我的文字安心地在一起，不再擔心自己被任何事物傷害。

世界上的每個人，都有屬於自己的表達，展現生命的方式，就像歌手以樂譜與歌詞傳達、舞蹈家以肢體表現、廚師把食材融出新風味，都是靈魂在綻放自我的過程，而屬於我的，就是那樣靜靜寫字。

一直寫下去，就會越來越好

沉寂過後，我寫了一篇花精故事放上專欄，不久後收到女人迷主編Audrey 的回饋：「花精療癒故事很好看！覺得你寫自剖的東西都會很動人！」我立刻心花怒放，覺得受到了主編注意，沒想到下一秒她又說：「以後我就是你新的責任編輯，未來 Amazing 就交給我照顧了！」那瞬間心中的烏雲消散，大把陽光灑了進來，我從無依無靠的作者，變成主編親自陪伴，好像從谷底反彈一下飛到了天堂，感覺幸運又幸福。

我們討論了更適合我的寫作主題，也告訴主編我已經離職，希望更專注在寫作上，於是主編建議我加強寫作穩定度，每周更新專欄。我的寫作開始有方向性，也有目標感，每周都保留一個時段專心寫作。原本我很擔心會不會碰上沒有靈感的時刻，可是很神奇地，我發現心裡想說的話，比想像還要更多，開始空出時間讀書、追劇、看電影，也讓自己產生了更多想法，所以靈感總是源源不絕，有時甚至可以一個禮拜寫三篇，也越來越喜歡自己的文字。

穩定寫作後，專欄人氣果然直線上升，在三個月內突破六百個讀者訂閱，成長速度是之前的三十倍，也收到了來自其他網站的邀約，請我過去開專欄。「越來越多人看見 Amazing 的好了，一起慢慢向前！」當我把喜訊告訴主編，她立刻給了溫暖回應，一如以往的全心支持。

真心喜歡，宇宙會陪你一起走

緊緊把握最喜歡的事物，我持續在專欄寫作，除了自己的故事外，偶爾也會在看完電影或書籍後，寫下自己的觀點與心得。有次我將一篇影評私訊給發行該電影的公司，歡迎他們在粉專上轉發，一開始並沒有想太多，卻收到小編問我：「能不能留下你的聯絡資訊，之後有相關的試片可以找你。」我眼睛一亮，好像意外挖到了一條通道，發現可以這樣去接觸電影公司，於是開始瘋狂鑿開這條路。

我把幾篇影評整理好，加上簡單的自介與聯繫方式，私訊了所有我找到的電影公司粉專。那天晚上我的心情一直怦怦跳，興奮等著網路那一頭的陌生人會怎麼回覆，後來陸續收到回應：「很高興收到你的訊息，我們最近剛好有許多試片，歡迎你來！」「我們覺得你的影評很不錯，之後會邀請你來試片喔。」「太棒了，是我們的榮幸，立刻將您加入試片名單。」

大約有十多家公司回覆，讓我又驚又喜，沒想到只是出於真心喜歡，沒有求回報的影評書寫，竟然可以開啟一條新的路。我從此獲得了試片邀請，看了許多以前自己不會選擇的電影，發現好多不同的視野與故事。

原來，當你做著真心喜歡的事，宇宙就會陪你一起走，幫助你完成夢想，許多機會也會慢慢到來，讓你在這條路上越來越堅定。心中的恐懼與遲疑依然會有，可是你知道只要持續向前走，就會遇見更多光亮的所在。

為誰而寫，為何而寫

主動出擊成為電影試片作者後，收到了第一封邀請信，距離開啟自由工作之路，已將近一年的時間。試片對專職影評人可能已稀鬆平常，但我卻像是收到了VIP俱樂部的入場券，對這個機會興奮不已。

一般來說，作者與電影公司互相不負有任何義務，電影公司舉辦媒體試映，希望作者如果看了喜歡，自行書寫影評或推薦在自己的平台上，幫助電影增加曝光與口碑。雖然如此，剛踏入試片世界的我，卻因為害怕電影公司覺得找我來會得不到回饋，而失去持續受邀的機會，於是盡量在試片後都要求自己產出文章，為作品寫點什麼，希望這樣能讓他們喜歡我。結果欣賞電影的過程不再單純，變成一直在思考自己能從哪個觀點下筆。

原先我在女人迷專欄中寫電影或影集的頻率，頂多一個月一次，偶爾看到很有感觸的作品才會書寫，但是那個月卻一下就寫了三篇，就像突然爆衝的車輛，風格劇變，看了什麼就寫什麼。不過也因為沒這麼上手，那個月收到來自主編 Audrey 的改稿建議，明顯比之前還多。

沒過多久，我寫了一部印尼電影的文章，關於一對年輕小情侶，一開始愛得甜蜜，後來男方越來越強烈的佔有慾，使戀情漸漸變調的故事。印尼電影在台灣不常見，但我滿喜歡這部小品，就選擇了從恐怖情人的角度切入分析。

主編收到文章後告訴我：「你之後下筆前，也先讓我知道你預計書寫的題材，我們可以先討論切點如何？」她覺得這個議題雖然好，但電影確實比較小眾，在推播上會比較吃力，也怕文章反應的成效會差一些。「我們能討論這個議題有沒有更適合的電影選擇，以及怎麼談能引起大家更多共鳴，不然如果文章成效差，我也會覺得好可惜。」

主編的反應，讓我覺得好像從不需要老師擔心的資優生，變成了被留校察看的學生。過去的書寫，女人迷都是給我極大的空間，自由寫自己有感、在意的主題，從來不需要事前討論。但主編顯然是發現了我那陣子爆衝的狀況，趕緊提醒要把我引回正軌。

感受到主編的擔心，加上自己也有些心虛，我馬上回：「嗯嗯好啊，確實我也會這樣擔心，以後有預計好的主題跟架構會跟你討論。」壓抑住內心有些尷尬又受傷的心情，我假裝沒事。

後來那個月，我事先想好了要寫的文章與簡單架構，像是小職員交報告一樣提給主編。她當然沒有要審查我的意思，只是我內心獨自忐忑，感覺沒有像從前那般自在，又無奈這腳鐐是自己銬上的，誰叫我前一個月失控成那樣。

為了討好卻失去自己

那個月我去試片了一部電影，講一位月經改革者的故事，我覺得主題很適合放上女人迷，不過怕整篇寫影評沒這麼吸引人，於是想到可以將台灣幾位在推廣布衛生棉、月亮杯、月亮褲，同是月事改革者的故事放在一起介紹，想到這個點子時，我覺得自己真是聰明，主編也覺得這個內容不錯。

文章上線那一天，我興奮貼給電影公司的窗口看，想說他們應該會很開心。沒想到窗口卻尷尬地回，他們早上就看到了，不過因為這次電影有跟一家衛生棉廠商合作，在我的這篇文章中沒提到他們，卻反而出現了其他環保型生理用品，所以廠商覺得文章利用了電影在替競品宣傳，很不開心，希望把電影的部分刪掉。我錯愕不已，沒想到希望為電影做宣傳的出發點，卻因為疏忽這層考量，結果反而造成他們困擾。

那天下午我一直很焦慮，覺得自己做錯了事，引起很大的麻煩，對電影公司跟女人迷都是，我趕緊跟主編說，希望能盡快刪除相關內容。原本擔心，主編會覺得我思慮不周全，讓他們工作繁忙的同時又要多處理一件事，可是主編告訴我：「這樣好可惜，我希望作為寫作者，你可以保有自己的主體性。」

這句話，讓我的焦慮突然停下，像是被點醒一般，發覺不能只是害怕自己做錯事，應該回到自我的角色身上，看看整件事怎麼發生的。我發現自從開始看試片後，一直想討好電影公司，因為覺得這個機會得來不易，**因為擔心自己的文字不夠格，因為害怕被踢出這個新世界，所以太逼迫自**

己要產出文字，而忘了寫文章應該是要發自內心，不為了討好誰，或是成為任何事情的宣傳工具。

其實一直以來我的個性，就是不太有自信，容易擔憂有人不開心，然後為此去改變自己，但主編說的作者主體性，觸動我看見一個寫作者的課題，自問能不能為自己的文字勇敢，為每個字負責。

後來我們決定先把文章下架，再看看後續怎麼調整。

當天傍晚接到主編的來電，她想親自慰問我：「我猜你今天下午一定很焦慮，我都理解，現在想跟你說沒事，不用擔心。」被她溫柔接納的瞬間，我偷偷哭了，哭得很克制，不想讓她聽到，又為我擔心。我把想用文章討好電影公司的自卑心情告訴她，她回應我：「你不用怕有誰不開心，如果說我們的文字該為誰服務的話，我想唯一的對象就是我們的讀者，我們只需要寫出他們想要的東西，這才是最重要的。」

這句話的魔力好強，像是**帶我重新思考了自己作為一個寫字的人，到底為了什麼而寫，有著什麼樣的信仰，希望寫出什麼樣的東西，帶給讀者什麼**。這些真的都好重要，比起真的寫出了什麼，還要更重要。

後來那家電影公司把我從聯繫名單上刪除了，再也沒接到來自他們的邀請，有時我們就是會弄巧成拙，讓內心最害怕的事情發生。不過，與其他公司的合作仍繼續保持，而且我不再為寫而寫，只挑自己真正有感覺的影片書寫，也發現這樣感受力強的文章，能發揮的影響力確實更大，帶動讀者去認識這部電影。

我跟主編也再次調整了協作方式，不必事先溝通想寫的主題，回去從前隨心所欲的狀態。當一個月後我又寫了部電影，講家人之間的愛與矛盾，她告訴我：「這篇很棒，是你的守備範圍內，覺得挺好的！」我終於又回到了軌道上，而且帶著寫作者的自覺與期許，提醒自己從今以後，只以我的心與讀者為唯一依歸。

龜速也能抵達

不知不覺在身心靈課程的探索、專欄內容的嘗試，以及日復一日的平凡生活中，走過了一年，沒想到真的在無全職工作的情況下，靠自由接案的稿費，安穩活下了。

自由接案並不是一件夢幻的事，沒有固定的收入容易使人恐慌，感覺就像一個生存遊戲，自己被放進一個盒子裡，四周的牆壁會隨著花費支出，毫不留情一點一點擠壓進來，直到下一筆稿費入帳，盒子才再展開一些空間。

沒有太多金錢使每次消費都變得謹慎，不再像以前大手大腳地揮霍，每次都在心裡默默盤算，連一塊錢都計較的那種，擔心自己就要被壓扁。

原以為擠縮盒子的壓力僅來自經濟，後來發現**還有更多是自我懷疑的恐懼：我的文字夠好到值得擁有收入嗎？客戶合作一次後就沒再找我，是**

不是我不夠好？我在這個領域真能有自己的位置嗎？讀者需要我嗎？真能以這樣的方式過完人生嗎？這些都是在黑暗中獨自匍匐時，不斷考驗著意志的。

文字呈現出來是故事，背後一分一秒的猜疑與掙扎，從未少過。可是我仍依舊感覺胸口有道光，隱隱的，幽微的，在心底一點一點閃爍著，讓我想持續試驗這種生活的可行性。

門一道一道慢慢開

就在那個月，在朋友的引薦之下，我在「鍵盤大檸檬」開了新專欄，專門介紹電影與影集。剛好他們正想替網站增加影劇相關的內容，看了我之前寫的影評作品，立刻就邀請我加入。我開始感覺到過去的累積，正慢慢發酵。

後來又收到來自出版社的書評邀請，他們看見我在專欄寫《82年生的金智英》，覺得透過我的眼光，讓書本的核心更透澈了，於是透過信箱聯繫我，邀我為他們的書寫推薦。第一次接到書評的合作，我非常開心，我本來就是個愛書之人，喜歡浸潤在書裡，能讀好書又有稿費可領，簡直就是世上最幸福的事。

手上有了兩個固定專欄的稿費，加上些零星的合作案，以及關於過去國際志工經驗的演講邀約，在離職滿一年的那個月，我終於達到跟全職工作時一樣的收入，不敢相信真的以龜速趕上來了。

實際產出是二十三篇文章，外加兩場各一個半小時的演講。每篇文章字數都在一千二百字以上，還有好幾篇達到三千字，換算下來總共寫了至少三萬字。通常是以篇數計費，稿費從一千到三千元都有，真的要說的話其實一字不到一元，不過能夠以喜歡的文字工作養活自己，已是當初沒想過的成就。

每次的時間投入，影評約花二小時看片，一到二小時撰文；廣編稿及主題文章約一到二小時搜集資料，一樣一到二小時撰文；個人創作部分時時刻刻都在發想跟捕捉靈感，撰文二到四小時；採訪文約一到二小時看資料、擬訪綱，採訪一到二小時，撰文一到二小時；書評約三到五小時把書看完，寫文二小時，雖然看書時間佔很多，不過依舊是最喜歡的案子類型。

門一道一道慢慢開，需要的是踏實累積與耐心等待，沒有一夜之間飛黃騰達這種事。我能做的就是持續不斷地書寫，然後日復一日認真生活，只有越來越豐富的生活經歷、社會觀察、自我對話，才能幫助我寫下更深刻的東西，引發更多共鳴。

我很喜歡作家蔡崇達的一句話：「走向他人內心最快的方式，就是走向自己的心。」因為人性與人心，基本上都是相似的，當我越貼近自己的感受，就越能捕捉到他人心中相似的幽微浮動，寫出他人感受得到卻說不出口的，我覺得就是一位作家的天職，也是文字存在的意義。

闖出那條想要的路

經過了一年的時間，像是累積了足夠能量，能有心力擴散出去關心這個世界了。那年冬天在一場選舉過後，我開始意識到台灣的政治情況，轉而將關注焦點從自身的療癒，也投放到整體社會，試著以身心靈的觀點去探討混沌局勢中的人們，怎麼面對自我與世界的偈促變化。

我將文章投書到「天下獨立評論」，也因此開啟了在那裡的專欄，跟過去的文章主題截然不同，但一樣是關心著人們怎麼生活，在自身以外更大的體制架構下，我們可以怎麼活出自己。

隔年一月，《美麗佳人》編輯看了我在女人迷的文章，來信邀約寫專欄；再到了四月，透過天下獨立評論頻道總監的推薦，又到了「天下未來城市」寫外稿編譯，討論科技與城市的互動，將形塑怎樣的未來面貌。

至此，總共有了五個固定更新的專欄，可以在沒有其他案子的情況下，靠著稿費安穩過日子了，雖然收入不算太高，但卻是由自己闖出，想要的那一條路。這種陪著自我突破，持續闖蕩開創的快樂，是金錢無法給予的回饋，也伴隨我踏實前進。

現在的我，平均一天工作約三小時，一周寫三到六篇文章，除了特定的合作案外，都是自己決定交稿時間與想寫什麼，寫的都是我所喜歡、關注的事，跟生活貼得緊緊地，可以說越認真生活，就可以寫越多，能發揮的影響與得到的回饋也更多。這份自由與彈性，使我明白自己也許再也回不去全職工作了。

在沒有真正餓死前，我還是會繼續當自由文字工作者，**我想看看這條路走下去會變什麼樣子，想知道自己還能做到什麼，如果到了底發現是條死路，那也唯有我真正走過後，才會心甘情願。**

最低限度的美好生活

自由工作後過了完整的一年，隔年五月報稅，我才發現原來那一年總收入只有將近十二萬，平均一個月一萬。能夠以這樣微薄的低薪活下來，最感恩家人的幫忙，讓我住在家裡，不用付房租與水電，有時還包三餐，男友家也時常讓我們回去吃好料，實在幸運無比。

平時我只要付自己的外食餐費、交通、電信、買書、聽講座、看表演、保養品等，**每個月看有多少錢就做多少事，想做的基本上都有做到，不像以為的辛苦拮据。**僅有一次遇到稿費還沒下來，但戶頭已全空，卻又還沒繳電信費的窘境，不得已被停話了一天。

我把前一年的收入狀況公開在臉書後，有朋友驚訝到好像看見稀有動物：「真是太驚人了！」「哇！好怕你餓死！」也有走過創業的人給予鼓勵：「加油！也曾有過這樣的日子，不會太久的。」甚至還有人開玩笑說要投糧給我。

事實上並不是自由接案賺不到錢，而是我自己的選擇。開始有固定稿費後，收入雖然較全職時少了百分之四十，但工時整整少了百分之七十到八十，平時持續經營專欄，跟偶爾接朋友的案子外，我沒有積極去找外面的案子，如果上外包網接案的話，我有信心回到之前的收入，甚至更高都沒問題——可是那不是我想要的。

回過頭看，當我還是全職工作者時，幾乎每個月都把三萬多的薪水花光。下班常吃好料犒賞自己，有時太累就搭計程車回家。三不五時上網買衣服、保養品，希望自己更光鮮亮麗。也上了很多昂貴課程，覺得內在能力有好多不足，拚命想把自己補滿。那樣的消費有許多時候，都是出自補償與發洩，並非真正需要，想靠花錢平衡工作不快樂的心情，和覺得自己永遠不夠好的焦慮，卻怎麼樣都無法填滿。

反而在這自由工作的一年，沒有什麼錢花，半件新衣服與新鞋子都沒買，我卻比從前快樂。做著真正喜歡的事，每天甘之如飴地生活，物慾就自動降低了，不需要用外在的事物填補或是證明。

我發現自己是在實踐一種「最低限度的美好生活」，用少少小小的收入，也能創造大大滿滿的幸福。當個人的需求減少，所需的金錢就不用這麼多，也能從一定要全職工作與穩定收入的禁錮中掙脫，換取到更多時間與自由，以最低限度但足夠的工時與收入，過上一整年好日子。

減去人際負擔輕鬆生活

最低限度不只表現在物質層面，在人際交際上，我也減少了過多的關係負擔，日常裡只與最親近的親友頻繁相處。

過去擔任志工領隊時，每一年都會認識上百位新朋友，剛開始那幾年，我很追求臉書朋友數量急速上升的快感，彷彿代表著我極有人緣，社會也鼓吹人們多結交朋友，擁有人脈總是件好事。

但我漸漸感到在人際應對上越發疲乏，特別是在工作上認識的實習生、志工們，我在他們面前需要展現出專業的態度，實際上我不可能永遠這麼正面堅強，偶爾也想抱怨工作上的辛苦，講些沒營養的垃圾話。即便在離職後，我不再有領隊的身分，想跟他們如朋友般見面，我卻發現有「角色轉型」的困難，可能心底還有些自以為的偶像包袱吧，怕崩壞得太快讓他們覺得從前的我很虛假，又不知道幾分真實能讓他們接受。後來不再強迫自己要跟大家熱絡聯繫，久久一兩年一會，才找到更自在的方式。

我有種「友善強迫症」，希望大家認為我是友善的，相處起來是舒服的，期待每個人都喜歡我。過去常常三不五時就想約人出來，或去結交新朋友，但當人際上限逐漸達到飽和，我開始練習放下「朋友越多越好」的信念，不再盲目地擴張人際圈領地，只和最有默契的兩三位朋友頻繁往來，其他友人就保持在臉書上的關注互動，偶爾再相約更新近況，這樣的人際模式讓我輕鬆多了。

離職後一年多，有次跟從前的同事約吃飯，聊到一半她問我：「你會常常跟朋友見面嗎？跟以前的志工都還有在聯繫嗎？」我把真實的狀況告訴她，說平時最常待在家裡，交際約會已減到了最低。她露出羨慕不已的眼神：「天啊，好好喔！我每天都要面對好多人！」我相當理解她的負擔感。

社會學家高夫曼在他的著作《日常生活中的自我表演》裡提到，社會生活其實就像一個劇場，我們無時無刻都在「演出」自己，以塑造、控制或主導別人對自己的印象。這樣的行為並不是虛偽或造假，而是為了更快達成溝通與目的，產生的一種表演，特別在工作的場域，你我都懂那演出分量之沉重。

不再追求無上限的人際經營，承認這件事會讓人心累，只維持最低限度的友誼交際，反而使靈魂輕盈了起來。

擺脫主流的誘惑活成自己

漸漸遇到許多朋友，向我的新生活態度表達了同感與支持，有很多人也正在同樣的迷惘中，拚命工作賺錢卻不快樂，想要離職走一條不同的路，卻沒那個勇氣與決心。

這確實不是一件容易的事，就像一個人脫離了隊伍想去不同方向，但主流社會仍張牙舞爪要把你逼近懸崖：「不趁年輕累積本錢與年資，老了會後悔。」「現在就該好好打拚，將來才有好日子。」「不要在該努力的時候，虛度了人生。」「自由工作久了，以後回職場就沒人要給你工作。」「都已經快三十歲了，怎麼還沒有個清楚的定位？」一大堆的「應該」與「不做就會怎樣」，讓人恐慌又窒息。

但真的是這樣嗎？沒有別的路嗎？我非要親自看看不可，於是轉身跳入懸崖，才發現底下這片海其實沒想像可怕呀，寬廣又自由，完全溺不死！岸上的人可能還會笑你跌落，可是那份優游只有你懂，不必說服更無須證明。

清楚自己要什麼，抵抗主流社會的誘惑與恐嚇，慢慢練習不再以他人的價值、眼光為依歸，回到自我的內在，平靜安心只為自己而活。表面看來是人生選擇，裡頭的靈魂卻是洶湧的釐清、辨識、專注、相信。

我不想一頭熱跟著人群衝刺，卻不知道自己要什麼，迷失了方向與自我，只被恐懼與不安驅趕。也許嘗試將緊踩油門的腳稍微鬆開，變換一下前進的速度，我們更可以了解什麼樣的生活適合我們，多少收入就可以滿足自己，把方向盤與排檔重新握回手上。

曾經我也渴望在三十歲前功成名就，爬升到主管位置，擁有中高階薪水，成為他人羨慕的樣子。如今我知道，那不是自己要的。

有一日下午，我寫完文章後躺在床上看書，突然覺得日子愜意極了，轉頭和男友說：「欸，我覺得現在這樣耍廢好快樂呀！」男友馬上修正了我：「你哪有廢，你比較像是『頹』吧，因為你都有在做自己喜歡的事呀，所以是『頹而不廢』！」

是呀，持續做著自己喜歡的事，一點也沒廢著，只是態度上稍微鬆一點、緩一點、慢一點，誰說人生不能這樣過？我覺得自己頹頹的樣子，還真是滿可愛啊。

行動是唯一路徑

成為自己，多麼不易，我們總是東張西望旁人的反應，害怕自己太奇怪，又隱隱遺憾活得那樣一致，好像從來沒活過。

某個周末，好久不見的朋友到台北來找我，她說想要轉職，新工作也找好了，可是身邊人的一些聲音，讓她開始自我遲疑。自出職場以來，她已從事過行銷與系統工程師兩份不一樣的工作，下一份則是專案管理，朋友與同事都替她擔心：「你這樣換工作頻率會不會太高？」「三份工作都是不同領域，就不能在同一份專業累積年資了啊！」「以後人資看到你的履歷就不想選你了。」聽著這些聲音，她開始感到徬徨，深怕自己做錯決定。

事實上，她的職場資歷在我看來是厲害的，能夠跨領域工作，而且每份工作都至少做過一到兩年，累積了一定的經驗，將來整合出的綜合能力將是非凡的。可是我也懂她此刻憂慮的心情，對於一個即將改變，且跟眾人選擇不同的人來說，內在與外在的質疑都是這條路上的真實考驗。

重大改變總會伴隨不安

組織管理大師大衛．哈欽斯（David Hutchens），在他的著作《五項修練的故事》其中一篇〈洞穴人的陰影〉講了一個故事：

「曾經有個時期，有五個人一起生活在洞穴中，他們終生不踏出洞穴，因為深信洞穴外就是宇宙的盡頭，一出去就會灰飛煙滅，所以他們只躲在洞裡，日復一日生活著。有一天，其中一位名叫布基的小夥伴，開始對外面的世界產生好奇，他想知道那裡是否有更大的空間，更不一樣的面貌。

「其他洞穴人對於他的提問感到恐慌，覺得他瘋了、中邪了，竟然敢挑戰他們一直以來的信念，憤怒的洞穴人把布基趕出洞外，要他自己去見識那可怕的未知。

「傷心的布基走出了洞穴，卻意外發現這個世界好大好美，好多他沒看過的事物。他在洞外遇見了一位老智者，才知道原來遠古以前，他們的祖先都在洞外生活，後來因為一些想法的分歧，導致戰爭發生，從此人們躲入洞穴生活，再也不敢踏出洞外。」

這個故事的重點，在說人們會因過去的生活經驗，或承襲下來的學習，發展出自己的「心智模式」。心智模式在一九四〇年代，由蘇格蘭心理學家肯尼斯．克雷克（Kenneth Craik）提出，意思是：「我們對自我、世界、組織，以及我們該如何跟他們配合所抱持的根深柢固信念、圖像及假設。」

心智模式就像一個鏡框，決定了我們看見世界的面貌，你戴著什麼樣的框，看見的就是什麼樣子。你相信安穩的生活是第一要務，那就會視變動為不可取，但如果你相信人應探索不同可能，那安定的工作就不會是你要的。每個人都有自己的心智模式，為我們做出資訊的分類、評判，決定行動，沒有絕對的好跟壞，都是依據個人經驗與狀況長出；但一定要了解的是，**知道自己看世界的角度其實是出於不同的心智模式，不能以為自己**

看見的就是絕對事實，其他人可能與你有很大不同，別像洞穴人一樣，以為那一方角落就是全世界。

他人的投射與自我焦慮

朋友嘗試轉職的舉動，就像想向外探索的布基一樣，引起了身旁朋友對變動生活的焦慮，將自身的恐懼投射在她身上，企圖藉著說服她來平息這份不安。這挑戰了原有的心智模式，就像突然摘掉他們的眼鏡，眼前的景象突然變得陌生、可怕，但其實世界一直都沒有變，變的只是我們觀看世界的方式。

當多數人擁有同樣的心智模式，就會形成一種意識形態或集體潛意識，在不知不覺中牽引著眾人的思考。當社會中有人提出不同以往的思考時，往往就會引發焦慮，比起調整自己看待世界的觀點，「排除異己者」是人類社會更常採用的方式，這樣才能確保原有的意識可以持續得到擁護，人們可以照著以往的方式生活下去。

對於改變者來說，最難的其實不是來自外在的聲音，而是我們自己內心也有那些強烈懷疑。因為我們也共享著那些心智模式，相信安定、穩健的生活方式是重要的，相信到了三十歲人生就該定下來，相信公司都會視變動的人為不安定，而不是多樣探索，因為我們自己也認同那些聲音，所以前行的腳步才會如此艱難。

重點不是外界的阻力有多大，而是我們內心的恐懼多躁動，那是轉換心智模式時，大腦一定會發出的不安，因為舊的思考迴路正在死去，新的道路正在建造。

勇敢上路是消除聲音的唯一路徑

同樣的，面對這些聲音，重點不是去與外界質疑爭辯、搏鬥，那是外人的自我投射，他們自身的課題，不是我們的責任。我們要回到自己的內心，看清楚那些恐懼的根源，都在自己身上。

而回應的唯一方式，就是行動與實踐。

兩年前的我，決定離職過上一段非典型工作的生活，帶著孤單、害怕、徬徨的心，一邊摸黑一邊找路，不時停下來自問：「你確定這樣可以嗎？前方真的有路嗎？」可是仍感受到心中的渴望，微微震動的光芒，持續探索什麼是自己想要的，什麼其實是社會灌輸給我，但我不需要的。漸漸才在實踐的路上，獲得了新的工作嘗試，開啟了一扇門，發現真有一條路被自己走了出來。

逐漸明白，對於心中的那些疑問，唯一的回應方式只有繼續走下去，雖然不會得到任何答案，可是內心吵雜的聲音會慢慢消失，最後發現問題從來不是問題，答案一點都不重要，這才是旅程中最真實的學習。

而勇氣，也會在路上慢慢長出來。

我並不是因為特別勇敢才去嘗試，相反地，我可能是自己看過最膽小脆弱的人之一。常常遇到問題只想要逃，或是怪罪外在境遇的不公，很少去承擔屬於自己的責任，也不敢去承認自己的錯誤，害怕自己的脆弱一曝光，就會成為別人眼中滿是缺點的人。

可是我慢慢發現，**不願面對自身脆弱的人，其實更加痛苦，那些脆弱**

就像躲在黑暗中的鬼魅，在你想往前走的時候出來嚇你，奪去你的自由與力量，讓你只能逃回原狀。太多時候當生命被恐懼與脆弱操控，我們就失去了自主權。

這兩年我不斷在逃避恐懼，與渴望突破之間來來回回，回頭一看，竟也這麼連滾帶爬走了好大一段。當遇到一些朋友誇讚：「你真勇敢，去追求自己想要的。」我才發現所謂的勇氣、勇敢都不是出發的必要條件，「足夠渴望」才是一切事物能發生的根柢，當你實在太想要，再也受不了的時候，那突破的動力反而誰也擋不住。

勇敢像是外界給的勛章，渴望才是我們的明燈，應該去深深探求，摸入心底自問尋找。

所以親愛的，在改變前猶豫、恐懼、焦慮的你，請順著靈魂指引的方向邁進，陪自己走過心智模式死去又重生的過程，路上的其他雜聲都只是背景，只有你自己是主角，雖然路途偶爾孤單、挫折，但遠方一定會有一片風景等著你，也只屬於你。

③

誰在告訴我們該往哪裡走

屬於企鵝的飛翔

當我還是上班族時，每到了年底，老闆會請我們寫一份年度回顧與新年展望，其中包含對其他同事的想法與建議。那時我常常收到的回應是：「做事效率高，動作很快，但是較缺少團隊互助的意識，常常自己的工作做完就先下班了。」──老闆轉述其他人的描述時，我都會感到一陣難過，發覺自己竟然是這麼糟糕的人，好像自私自利的討厭鬼。

我對這樣的自己感到失望，每一年都想著要改進，讓自己多關心同事一點，問問他們有沒有事情需要幫忙，不過往往沒多久，我就恢復了原本的狀態，上班時集中火力把自己分內的工作完成，用最快的速度下班回家，不顧其他同事還在加班。我知道這樣的自己很自私，但又真的想快快回家休息，就這樣在達不到的理想超我，與真實的本我間糾結了三年多。

現代社會對於好的員工有一套共同期待：積極進取的心態、理性邏輯的思考、精打細算的頭腦、流暢具說服力的表達、團隊互助的精神、高效準確的辦事力、隨機應變的臨場反應……等，我們都知道職場上的這些標準，但事實上沒有人可以完美地全部達到。有人會說就是因為如此，所以才更需要團隊合作，每個人彼此截長補短，可是在我身上正是缺乏了團隊互助的精神，最重要的那一塊能力，彷彿少了氫鍵的原子，無法與他人產生連結。

而我的文字能力過去在職場上雖然受到肯定，大家都認同我的文章富有情感與感染力，但一碰到企劃書、專案報告這類的工作，我抒情的文字反而派不上用場。我曾在報告後被說：「你的理性思考邏輯要再加強。」當下知道這是自己的弱點，無從辯駁，但又覺得有些不甘心。

以前主管們曾希望我能夠試著寫企劃書，加強專案管理的相關能力，這也是公司相當看重，攸關能不能繼續升遷的重要關卡。我在電腦前看著過往的企劃案，空白了兩三個小時，一邊焦慮一邊拚命找資料填補，讓論述看起來更具理論基礎與說服力，但事實上看起來就是文字堆疊的遊戲，我對那個企劃案毫無想法與感受，只是硬逼著自己交出一個像樣的作業。

我知道那道門檻就在那裡，主管們也想好好培養我，我卻是怎麼搆也搆不到，永遠達不到他們心中的標準。

只是形狀不適合

直到後來成為文字工作者，身邊沒了半個同事與團隊，只需要固定時間與編輯或窗口聯繫，雙方確認工作的期待與時程後，我自己掌握好時間準時交稿就完成了，完全是一個人就可以做好的工作。我才發覺這樣的工作模式，相當適合我的個性，也終於可以承認，我就是一個不喜歡團隊合作的人，我喜歡一個人走得很快，不用管其他人的心情與狀態，只照顧好自己的單打獨鬥。我記得國師唐綺陽也曾說過，她不適合團隊工作，後來展開個人占星的工作模式，就找到了適合她的方式。

也是在這兩年專職寫作後，我才知道自己的優勢，在於強烈的情緒感受力，能夠知道他人為何會難過、焦慮、擔心，所以能寫出這些脆弱的心情，讓人感覺到被同理與打動，進而願意聽進我想表達的話語。比起理性的邏輯說服，我更擅長用一個又一個充滿人性的故事，引導他人走進我的想法。當換了一個適當的位置，過去曾覺得是缺點的部分，反而成為了優勢。

許多人的不自信，就來自無法達到職場單一的標準，但當我們能夠面對自己的不完美時，心情也頓時輕鬆許多，不再執著於將自己變成他人期待的樣子，反而能回頭想想：「是不是這個位置不適合我？」**不是因為自己不夠好，而是那個職位本身是圓形的，你卻是個精緻的雪花形狀，怎麼拗折修剪，終究都不能完美契合，還折損了自己原本的模樣。**

企鵝不必飛翔

我很喜歡台灣繪本畫家 Fifi Kuo 的一部作品《想飛的企鵝》，描述一隻羨慕飛鳥的小企鵝，也想用自己的翅膀飛上天空，於是他拚命練習、拚命振翅，卻一次次跌倒受傷，甚至摔入深不見底的大海裡，以為一輩子注定成為不會飛翔的笨蛋。

直到爸爸把他從海裡救起，陪著他一起在海中游泳，在水中悠遊自在的那一刻，小企鵝才終於明白：「這也是屬於一種飛翔，對吧？」原來飛鳥有他的一片天空，企鵝也有另一種翱翔姿態。

生命中有多少次，我們看著那些成功典範、亮麗榜樣，就像企鵝羨慕著飛鳥，希望自己也能擁有、也能那樣美好，於是我們拚命追趕，鞭策自我，一再嘗試卻又失敗，討厭永遠做不到的自己。卻沒想過，其實不是自己不夠好，而是屬於每個人的飛行，本來就很不一樣。

不需要跟別人走一樣的路，成為別人口中的強者，你只需要找到自己身上的翅膀，那股獨一無二的力量，在自己的世界裡自由翱翔。

理想才是我們的現實

朋友開了間獨立書店，隱身在國宅裡頭，小小的不到十坪，卻擺滿了她熱愛的書籍，想要分享給世界的閱讀。看著她在這個空間自由伸展個人意志，介紹每一本書時的眼神發光，我好欣賞這樣閃亮的實踐者。

後來我與一位長輩分享這件事，他馬上回我：「喔，那就是滿理想的，現實的賺錢還是要顧啦。」我像是被澆了一桶冷水，滿心的歡喜瞬間被打落名為「現實」的地面。不過也想著，什麼時候開始人們認定賺錢是唯一的現實，而做自己喜歡的事反而成為遙不可及的理想呢？又為什麼我與長輩的想法如此不同？

匱乏到致富，父母生長的台灣

在我父母生長的那個年代，經歷過貧苦的童年，同學沒穿鞋子上學是常態，有電視的家庭被視為村裡的大戶。等到他們大學畢業要進入職場時，正是台灣經濟開始蓬勃發展的時候，跟著新自由主義的潮流，與政治上的改革開放，開始加入世界經濟的腳步。特別是我出生前幾年，來到了俗稱「台灣錢淹腳目」的時期。

我曾在天下雜誌出版的《逆風台灣——民主開放崎嶇路，我們一起走過》，認識那個瘋狂年代：一九八七年七月開放外匯市場管制，台幣大幅升值，股市從一九八六年的一千點，飆到一九九〇年的一萬兩千點，開戶投資人也從四十萬戶增加到五百零三萬戶，佔台灣十五歲以上人口三分之一，炒股成為全民運動，外媒稱我們是「賭場民國」（Republic of Casino）。

當時可以說是買什麼就賺什麼，投資股票比起一般工作都要賺錢許多，也因此很多人無心上班，造成許多工地缺工。唾手可得的財富，也帶起大量炫耀性消費，每個人出手都變得大方，賓士車年銷售量突破三千輛，市佔率在全球排名第二。台北市的高檔餐廳、酒店更是每晚都擠滿了在股市賺大錢的人，甚至有人一給小費就是五萬、十萬起跳。

這樣的場景，實在是我們當今難以想像的。

我出生的時間正值一九九〇年，剛好已不再是股市沸騰的時候，不過在我記憶裡，阿公與爸爸仍是股市投資的熱衷者，每次打開電視，一定轉到財經台，緊盯一排排我完全不懂、紅紅綠綠的數字，然後抄寫記錄。

後來長大一點，常常聽到阿嬤跟阿公吵架，說他拿去投資的錢賠掉了一棟房子，阿公卻也從未因此收手，一直賭著哪天要把賠掉的都賺回來。爸爸也是這樣，總會有時開心說自己賺了幾十萬，隔幾天又說全部賠掉了。從小我就覺得，股票一定不是什麼好東西，我從未看他們因此快樂。

我也曾聽過其他朋友分享，自己的親戚本來是腳踏實地的醫師，在地方上頗有名望，個性謙和善良。他在那幾年也加入股市競逐，但因為工作繁忙就交給妻子代理操盤，後來賠掉幾百萬和房子，他無法接受，開始怪罪妻子甚至家暴，也無心於原本的醫療工作，整個人像洩氣的氣球一樣，不到五十歲就抑鬱而終。

太多這樣的故事在那個年代發生，他們也許原本都是很有威望的一家之主，在興起的股市賺得開開心心，大家一定都對未來充滿希望，可是泡沫一下子破裂，讓每個人都措手不及，不知道發生了什麼事，就輸掉了一生的積蓄，原本和樂的家庭也因財務吃緊，開始了很多爭吵與紛擾。他們不知道那年的繁榮只是一瞬，並不是常態，全世界皆然，卻不停地繼續投資，不斷地嘗試，想要再一次重返當年的榮耀。

這是為何賺錢對他們而言是重要的現實，因為曾經歷過物質匱乏的年代，卻快速致富翻轉了人生，不幸的人重新歸零，不甘心就繼續嘗試；但幸運的人買到了房子，甚至不只一棟，這樣的遊戲規則他們是玩得起的，恰恰趕上了參賽的最好時機。如果有人不在那時一起競逐熱錢，而是選擇做自己喜歡的事，回過頭也許會後悔虧大了也不一定？

賺大錢才遙不可及，年輕人的現實世界

但是對我這一輩九〇後的世代就不是如此，我們雖出生在富裕的年代，但是一路成長的過程中，身後的背景都是景氣衰退的失落，我們早就知道自己不可能發大財，出社會時就知道這樣的薪水永遠追不上高房價，買房或投資反倒成了遙不可及的「理想」；相較之下，能夠賺到足夠生存的錢，並且在下班後吃點好吃的，買點漂亮的東西，假日進行愉快的旅遊，甚至是做著自己喜歡卻不須花太多錢的小事，對我們而言卻是相當「現實」，得以實踐的。

這不只發生在台灣，全世界都是如此，網媒CUP有篇名為〈「他媽的錢」：韓國年輕人的消費現象〉的文章中提到，同樣薪資趕不上物價，對未來感到無望的韓國年輕人，不再想存錢買房，而是透過偶爾揮霍犒賞一下自己，並在二〇一六年衍生出流行語「他媽的錢」，意指「藉著某項不必要的開銷，助人度過艱苦的一天」，我看了心有戚戚焉。

大多數國家的經濟都在衰退，因為自然資源被消耗殆盡，權貴階級又壟斷了主要資源、掌握遊戲規則，新的創業無法開展，後來出生的人感覺自己被決定、被剝削。所以我們的追求不再是單一的經濟至上，轉而爭取平權、正義的可能，關注經濟發展背後帶來的環境汙染、社會剝削。

從陸地到海洋，世代價值的轉換交替

我們每個人在活出自己的路上，有時會遇上與主流價值的碰撞，有時衝突則來自於與自己不同世代的長輩之間。就像比起高度的經濟成長，現代許多年輕人在乎的是環境能不能永續，我們能不能一起共好，我不用賺大錢求高位，只要剛剛好的收入與物質生活，就已足夠美好。又或是當看清金錢不能帶來快樂，我們想花更多時間做那些更喜歡的事。

作家郝明義曾經分析，這是「陸地世代」與「海洋世代」的不同。陸地思維講求穩定、威權、秩序、由上而下的分配，以我父母那一輩為例，他們出生在社會相對封閉、保守，也較壓抑的年代，接受標準化的教育考取好學歷，出社會後投入一間不錯的公司，可能就一路做到退休，穩穩過日子。這是他們人生的勝利方程式，也以這樣的方法養大了我們。

可是在一九八七年解嚴後出生的一代，如我自己，生活在開放、自由社會，視民主如空氣般自然，在教育上有了多元的實驗選擇，各種過去的價值觀也被提出挑戰與質疑，越來越走向多元並存的時代，就像海洋一般透明流動。但同時經濟、民主制度的衰退，也讓人偶爾會對未來感到不安，科技與資訊進化得太快，從前一份工作做到底的保障已然不再，我們必須找到一套新的生命之道。

我非常喜歡這個比喻，將世代間的差異具象化，直白點出了當中的不同。不過，**雖然兩者不一樣，卻絕非彼此對立，反而能互相調和依存。因為有父母那一輩的刻苦勤勞，扎實地打下經濟基礎，才有現在一片穩重安和的大地，承載了不必為衣食擔心的我們。**

被飽滿滋養的我們，則可以帶著力量突破過往為維持秩序，但如今已經不再適用的種種枷鎖，讓從前被壓抑、被僵固的父母，也有機會從禁錮中解脫，在人生下半場選擇自己喜歡的生活。

我深深期許，選擇個人價值與生活方式的自由，是每個世代人們都該擁有的權利，不用以「理想」和「現實」切割與評斷。讓社會追求不再單一，每一種人生都是最好的樣子。

現代奴隸制

以前帶志工出團時，因為巴士和住宿空間有限，我們會請志工盡量精簡行李，以不超過四十五公升的登山包或二十吋行李箱為主。有些志工無法習慣，出國兩周竟然只能帶這麼少東西，就堅持帶了更大的行李箱，還有人帶了三雙球鞋。

後來到了當地，才發現許多東西真的不必帶，那些怕自己餓著的台灣零食，都因為當地媽媽煮的飯太好吃，完全派不上用場，最後送給社區朋友當禮物；那些時尚的華服，也因為怕髒不敢穿出來，整個出團期間穿著團服最自在；而多出的鞋子只是佔行李空間，一雙夾腳拖就可以趴趴走，涼爽又融入當地民情。

有天晚上，當我們在分享出團心得時，有位團員就感嘆：「原來我們需要的東西真的不多呀，你們看，其實一個大包包的物品就夠了，其他那些都是多出來的。」

的確是這樣，看看我們周圍，有哪些東西是你一定需要必不可少，又有哪些其實沒有也沒差，搞不好你還根本從未用過？當我們腦波太弱，心智不夠堅定，很容易在廣告的催眠或是威脅下就買了東西，以為這樣生活就會改變，快樂會多一些；事實上快樂只發生在你購物的那個當下，過了之後，你的靈魂仍舊相同，才沒那麼簡單因為一個外在物品就變好。

我的鞋櫃至少有十多雙鞋，光是夾腳拖就有五雙，高跟鞋也好幾款，但我現在每天出門固定穿的卻是同一雙球鞋，和其中一雙夾腳拖，其他因為各種衝動買下的鞋子，都不那麼實穿。有時我打開鞋櫃，都會希望當時沒有花這筆錢，省下來做其他事該有多好。

資本主義一直在鼓勵我們消費：「吃了這個你就會遠離癌症」、「穿上這件內衣男友就會被你迷惑」、「加上這只智慧手錶你看起來超帥氣」，**我們為了買得起這些東西，於是拚命工作賺錢，只為了滿足慾望，卻沒有意識到我們其實是在用自己的「命」，在換取這些東西，而要用多少命來換，就掌握在制定遊戲規則的人身上。**

克拉契的計謀：放開腳鐐，讓他們為錢而做

我曾在俄羅斯暢銷系列書《鳴響雪松：新的文明》中，看見一個驚人的寓言故事：

克拉契是一位國家的大祭司，終日坐在寶座上，看著人們被銬上腳鐐，為他建造堡壘，他誓言讓地球上的所有人，都成為他的奴隸。

一日，他卻聽聞其中一位年輕人在計畫策反行動，本來想直接把人抓起來處死，但是他後來想了想，發現殺死了一個，還是會有其他反叛者出現，應該要想方法真正根除，「讓他們相信做奴隸是最幸福的事」。

隔天，他突然向眾人宣佈：「所有奴隸都完全恢復自由，但如果你每把一個石塊運到城裡，就能獲得一枚金幣。金幣可以用來換食物、衣服、房子、城裡的皇宮，甚至一座城市。從此以後，你們都是自由之身。」

沒想到脫下腳鐐的奴隸，全都爭先恐後搬石塊，而且做得比以前更起勁，克拉契的計謀實現了！甚至，他們內部開始出現一些服務，像是送水

和食物。一些奴隸在路上直接用餐，不想浪費時間回營房吃飯，寧願用賺來的金幣叫外送。還出現了大夫、交通指揮者、仲裁者、帶領者等，都要收錢。他們以為自己自由了，不過本質上根本沒變，一樣在搬運石塊。

「一直到了今日，這些奴隸的後代，依舊毫無自知地奔波。」

降低慾望，其實是放自己自由

這個故事讓我驚覺，奴隸制其實從未消失，反而隱身進現在制度中，藏得讓我們看不見。我們為這些大企業工作，賺取微薄薪水，然後再把賺來的錢，去向把持資源的他們買東西，甚至連工作到生病了，賺取我們巨額醫藥費的仍是同一群利益集團。

根據美國聯邦儲備系統（The Federal Reserve System）的數據，在過去十年中，收入最高的百分之一家庭，財富為百分之五十至九十中產和中上階層的總和，他們就靠著資本主義的遊戲規則，讓世界的財富越來越往自己集中。

台灣也不遑多讓，根據財政部統計，二〇一七年綜合所得稅申報中，年所得最高與最低者就差了一百一十三倍，基層的勞工薪資一直沒有成長，我母親就曾感嘆我第一份工作的薪水，竟和她二十多年前出社會時一樣。

我們是不是都中了克拉契的計謀，以為自己擁有了自由，卻被另一種自以為的追求奴役了呢？

我並不是反對消費，或是要發起什麼社會革命，而是期待有更多人能看清楚整個局勢，認真思考自己的勞力成果要用在什麼地方，不要操勞了一輩子卻換來不想要的日子。

這幾年的十一月十一日，從單身光棍節，被包裝成大買特買的購物節，萬物齊降價，如果本來就要購買的東西打折當然好，但如果是因為打折的引誘而下手不需要的物品，最後還是丟進垃圾堆，那就真的是在浪費自己的勞力成果，浪擲生命。

試著看清自己的慾望，減低不必要的花費，讓自己對金錢的依賴少一點，就能換回更多自由的空間，不論是你的時間或精力，才有機會得到實質上的釋放。

做不喜歡的事才真正浪費時間

畢業後多年，受大學老師邀請，回去與學弟妹分享這幾年在性別議題上的觀察。看著大一大二的他們，發覺自己已比他們多走了十年，而那個啟蒙我的地方，我始終覺得感激。

雜食動物的吃到飽

大學讀人文社會系，在以理工科為主的學校，或崇尚科技與財經的台灣，都是相當突兀的存在，但我一直喜歡得理直氣壯。

記得高中時第一次從班導口中聽到有「人文社會系」，心情像是中獎般雀躍，她覺得那很適合我，我自己也這樣認為。一直都是好奇寶寶的我，無法在某一特定領域深蹲久待，反而喜歡到處看到處學，當找到不同東西的相似之處，用自我的邏輯串連起來時，就像發現一塊新大陸一樣興奮。所以揉合了人類學、社會學、歷史、哲學、文化產業等的人文社會系，實在太適合我這種雜食動物，像吃到飽自助餐一樣，任我選擇想修的課。

多數人選科系，都不免考慮到畢業後的職場發展，但我永遠記得高中一位成績名列前茅，可以輕鬆考到法律或財經的同學，卻選擇了法文系，大家都驚訝她怎麼這麼做？她帥氣回應：「**人生這麼長，花四年學我喜歡的東西，應該很合理吧。**」

沒錯，我們都沒發現，其實花時間做不喜歡的事，才是真正的浪費時間。

我在人社系的四年，非常值得。雖然許多課的內容都忘了，但一直記得這個系開啟我思想上的光亮：第一次意識到「女生晚上不要太晚回家」背後藏著的性別問題、和同學讀著張娟芬的《殺戮的艱難》討論死刑、親近土地認識台灣糧食問題、學習從符號的意象看文學，每個議題都是新穎的，從前就在生活裡，但是一直沒看到，我像開了天眼，興嘆原來還可以這樣剖析世界。

它教會我用更宏觀的角度看待問題，社會案件發生時，錯誤不單單只在個人，背後有其綿長交織的生長脈絡，整個社會可能都有一份責任。於是擁有一雙理解並寬容的眼睛，試著看見一群人的苦，整個社會的難，真實人性的不易，心底就越發冷靜而溫柔，知道憤怒的責怪只是自我無力的投射，無益我們一起變得更好。

這份能力在後來的工作上，起了意想不到的作用。當我帶著志工進到柬埔寨，我能用人類學探索田野的角度，去探索社區的文化脈絡，了解他們現在為何這樣生活、那樣工作，看見我們的差異之處使我打開眼界，知道世上有千百種生活方式，不是只有台灣的一套標準，不是為了把他們變得跟我們一樣而來此服務，而是讓彼此在過程中都成為更加寬廣的人。

後來當我失戀了，也是用這套方法帶自己走出困境，回過頭去看原生家庭對我的影響，自己的成長脈絡到底怎麼樣，中間隱藏了哪些恐懼與悲傷，是我一直壓抑而無法意識的。討厭自己的負面情緒依舊會有，但同時也藉由這個路徑，展開自我的內心，發覺問題的源頭是什麼，從那裡開始往前走。

多年後依舊覺得這個大家不知道在幹嘛的系，教會了我很多，是我最喜歡的系。

讓喜歡成為理由

人社系的孩子都有個困擾，常常被問：「讀這個要幹嘛？」「畢業後可以做什麼工作？」我一直覺得這個問題滿無聊的，我讀就是因為我喜歡，這就是全部。

單純喜歡可以是理由嗎？我覺得完全可以。**因為光是「喜歡」，就是一種天賦，你喜歡你所喜歡的，別人卻沒有這樣，你就比別人多了動力去行動、鑽研、創造，這是誰也拿不走的能力，就在你的心裡頭。**

我的男友在學生時期不愛念書，上課總是偷聽音樂或睡覺，但當他接觸到喜歡的攝影領域時，卻變得勤於學習，每天工作後還是主動找器材資訊，看影片學剪輯技巧，因為多是來自國外的資料，以往不愛的英文也自動變好了，「喜歡」這個動力把他往前推了好大一把。

另一位朋友想學商管，卻被家長逼著去讀電機，過程中痛苦無比，最後還是因為蹺課太多、學分被當而退學了，父母發現自己的錯誤，承諾不再逼迫他，他也發誓這輩子不再浪費時間做不喜歡的事，即使有人阻擋也一樣。

你不可能全部的選擇都符合每個人的期待，也不要滿足了所有人後，卻剩自己覺得委屈。在講求功利、效用的現代社會，人們往往會互相質疑對方的選擇夠不夠好，而那個「好」常常必須與地位、財富相關，但我想要的好，卻是我所喜歡、心甘情願，做起來不覺得浪費生命，能真正感到充實快樂的。

印度聖哲薩古魯曾說：「如果有全然的清晰，就不需要勇氣，因為清晰會帶著你走。」那清晰代表的不是精算利益的分析，而是強烈的喜悅感受，那會一路指引著你，知曉自己是什麼樣的人，要走到哪裡去。

請讓喜歡成為你選擇的理由，不用害臊，不必抱歉，這個生命是你的，只有你有權掌控，別人有他自己的，每個人喜歡自己的人生就好。

孤獨也寬敞

我住在新北近郊，以前在台北師大一帶上班時，要搭公車再轉兩段捷運，單趟通勤時間至少一小時起跳。每天早上一睡醒就要跟別人擠在車廂，連站的空間都沒有，遑論一個能坐著補眠的位子，偶爾遇到就要感激涕零。

在將要離職前的半年，極度不想上班的我，每天早上都厭世到極點，硬要賴在床上躺著不動，多個幾分鐘也像是賺到。不過常常因此快趕不上打卡時間，索性就叫計程車一路直達辦公室，車費相當於半天的薪水，心裡滴血卻又覺得爽快，不想再擠在車廂增加痛苦的我，也只剩下這點任性可以揮霍。有時下班不想再經歷擁擠，又叫了計程車回家，當天的工錢等於都拿去付車錢了，不知道那天的自己到底是為了什麼存在。

自由工作者的自由

成為自由工作者後，不再每天出門人擠人，「阿雜」的情緒瞬間減去大半，那些嘈雜與喧囂都與我無關，我會刻意避開人潮與車潮，選大家都在辦公室的時間出門。有時去看電影，影廳內只有我一個人，就像包場一樣自由選位，不怕被前面的人頭擋到。去比較知名的餐廳吃飯也是，省去了排隊時間，人生不再花費在等待與塞車。如果要旅行也盡量挑周間去，旅館比較便宜，景點也幾乎沒人，可以用自己的步調漫漫晃晃。

作息好似和別人反了過來，假日時間我就不太出門，留在家裡工作，偶有講座活動或是朋友聚會，才會再次擠上一列列爆滿的車廂，重新感受當年的厭世。

做一份不一樣的工作，有很多孤單與遲疑，路上沒有什麼同伴，可以詢問的前輩也很少。身為一個職場上的異類，常常望著那條多數人走的路時，也會想要不要過去跟大家一起比較好，至少即使失敗時，也有人一起取暖討拍；而這條孤單的路若是失敗，也不會有人能理解同情。

不過當我能在時間的安排上，避開從前的壅塞紛雜，發現這條不一樣的路也許孤獨，但也是因為沒什麼人而寬敞許多，不管是實質上的交通、熱門活動，或是心裡的慾望，**當你想要的東西跟別人不同，不是稀少需要競爭的財富、地位、權力，而是在有生之年發揮內在最大的創造力，那就沒有任何人能跟你搶奪，一路上都將通行暢快，唯一能阻擋你的就是自己的心智與恐懼。**

這份時間運用的餘裕和彈性，是我覺得自由工作最迷人的地方。從前我就不太能適應因為工作的關係，我在某段時間必須待在某個地方，就算提早完成工作或那天沒有事忙，也還是要待在那裡，基本上形同坐牢，即使工作內容是我喜歡的，在時間上仍感到重重的禁錮。

你把珍貴的生命用在什麼地方

其實仔細一想，**我們沒有任何一個人真正「擁有時間」，我們擁有的**

都是自己的「命」，所以花時間在哪裡，就是把命放在了哪裡，你把珍貴的生命用在了什麼地方？

現在的我騰出許多餘裕，有時跟全職上班的朋友約時間，就能配合以他們為主，彈性安排自己的行程，讓他們下班後慢慢來，不再是兩個時間同樣緊繃的人，難以喬出見面時間。這件小小的事，每次都讓我感覺滿足幸福。

從前我不須打開行事曆，就能知道自己下個月的此刻在做什麼，半年後要忙什麼，一年後人會在哪裡，因為辦公室的業務是不斷循環的，時間到了就要做某些事，你總能知道那時候的自己長怎樣。

當我還是全職工作者，男友已在接案工作時，每天他都會問我：「你明天要幹嘛？」我總是翻著白眼不以為然地回：「去上班啊！」心想這有什麼好問的。當我也開始自由工作，終於能明白男友為何會這樣問，因為我們的每一天，都長得非常不一樣。

有時中午有個試片、晚上要交稿、明天有個採訪要跑、後天跟客戶約了開會，每一天都有獨特的樣子，你完全無法預測下周的自己在幹嘛，可能有個邀約或是活動突然出現，就成為了行事曆的一部分。有幾次我們過到忘了今天是禮拜幾，不知道原來連假要到了，日子不再固定，生命也變得有趣。

綜合以上，只好再次對全職工作說一聲：對不起，我暫時回不去了。

失速世界需要慢勇氣

我偶爾會去想這些問題：「為什麼我們這樣工作、那樣生活？」「為什麼一天要上班八小時？」「為什麼每件事都要這麼趕、這麼努力？」「如果全世界一起慢下來，不就不用趕了嗎？」「這麼趕，到底急著去哪裡？」

普悠瑪出軌事件的省思

二〇一八年十月二十一日，台灣發生普悠瑪列車出軌事件，我在電視機前和其他人一樣，既震驚又悲傷。

我總覺得，普悠瑪事件就是世界現狀的一個縮影，追求快還要再快，一分一秒都無法等待的社會，失速撞上了崩潰。

台鐵有其制度與組織上的錯誤，但是作為一個乘客，我不禁想著我們是不是每次責罵台鐵誤點，也一起加重了他們必須避免誤點的壓力？這樣的壓力長滿整個組織，成為了文化，然後再落實成了制度，向下壓制著司機員不可誤點，若誤點就要遭遇罰則，還有民眾的無情指責。落後的時間，我們必須加倍趕回來，機械壞了沒關係，再冒險一次撐過去吧！**安全跟效率，我們選擇了後者，這不是某個單一個人的錯誤，而是整個社會文化的後果。**

我們哪個人，沒有在深夜加班趕工過，為了追上那一個又一個如鬼魅般緊追在後的死線；我們哪個人，又沒有像鬼魅般掐住別人的脖子，要求他動作快一點，我的時間很寶貴，再慢就叫你們主管出來。

我們都在不自覺中，成了催緊油門的劊子手。

失事現場三天內要恢復通車，工作人員徹夜趕工，沒有時間休息；官員要在兩天內到立法院報到，就算真相未明，也要給社會大眾一個交代，一個安心，甚至一個假象也沒關係，有個說法就好了。

意外有時措手不及，人生也一定會有挫折失敗的時候，可是我們卻不留一絲時間，為這些巨大傷口，好好找碰撞來源，慢慢細心處理，靜靜為逝者哀悼，用真正痛定思痛的心，等待新的組織長成。

在我眼前的這個世界，已成了一輛失速列車，「再快一點快一點啊，已經來不及了！」「快一點再快一點啊，我們趕不上了！」

可是，飛快要去哪裡？趕時間到底為了什麼？我們為此付出了好多好多巨大的代價。

請記得你的心，就是調速器

猛然發現，身處在當代社會，「慢」反而成為了最有勇氣的一件事。大家都嫌網速不夠快，看不到最新最酷的 YouTube 影片，而你是否敢慢慢看一本書，浪擲五小時在同個故事？大家都炫耀自己今天ＩＧ多了一百人追蹤，你是否敢慢慢只和一個最重要的人，安靜度過一生？大家都在拚三十歲前買房買車成家，你是否敢堅定自己的步調，在只屬於你的時區裡慢慢活出自己？

我知道這其實很難，真的太難太難了，因為你一個人要對抗的，是整個世界的鞭策。

可是我總覺得，也沒有別的辦法，就算這是一條很難的路，也勢必要去走走看，試試看，才有機會告訴別人，這樣的生活方式真的是行得通的！你不要怕，你不用擔心，如果你想要，你可以慢一點沒關係，笨一點沒關係，少拿一點沒關係，吃虧了一點都沒關係。**多一個人慢下來，世界就多了一點煞車，哪怕是一點點，都好。**

那天晚上想著這些，我突然情緒激動，一邊落淚一邊寫下了文字，因為看見了自己選擇的生活與工作形式，背後其實有無比珍貴的意義。選擇了當接案文字工作者，相比持續在職場打拚的人，可能都要升上主管，獲得更多薪水了，可是我還過著有一案沒一案的日子。選擇了自主安排的生活，一周最多寫三、四篇文章，其他時間留給吃飯、睡覺、運動、學習，其實也會非常心慌，覺得自己應該要再有用一點，再多做一點。

可是我終於發現，自己此刻做的，就是從列車上跳出，不與大家飆速前進，而是選擇在鐵路旁慢慢走路，踢踢地上的小石子，看看日落又日出的消長，聽聽自己的心跳——心跳裡有恐懼、有遲疑、有害怕、有擔憂，可是也有了愛，盈滿生命感。

想起中文的造字實在很奇妙，**「快」跟「慢」都是心字旁，不是刀字旁或辵字旁，前進的速度無關乎工具是什麼，而是我們的心如何。快跟慢，都在我們的心境之間，我們可以決定自己的速度，決定自己的腳步。心，就是我們的調速器。**

也可以「不做」什麼

有時決定要做什麼，需要很多勇氣，可是選擇「不做」什麼，則需要更加勇敢。揮手向飆速的車輛說掰掰，心甘情願一個人在路上慢慢來，相信這樣的緩步，也能抵達要去的地方。

慢慢走，為了更安穩、更平靜的生活；為了跟自己更靠近一點，跟愛人擁有餘裕談心、散步、吵架；為了在悲痛發生時，保有時間修復；為了好不容易來到這個世界，細細品味；為了所有最值得的人、事、物，耐心等待，用心陪伴，逗留一生，終不後悔。

④

讓星星引路

小而美的未來趨勢

從前在職場時，一位企管出身的同事曾說：「公司就是要不斷成長，如果沒有成長，就等於漸漸萎縮，久了就被市場淘汰。」那時我相當同意這個觀點，也覺得汲汲營營追求成長沒什麼不對，甚至還認為我們腳步太慢，擴張不夠快，希望老闆再擴大經營。

這樣追求成長的思維，一直是世界的顯學，每個人都希望自己經營的事業，或是所在的公司成為第一。

但是無限的擴張，往往也帶來更多、更複雜的責任與成本，使得事情不再單純，經營者被迫花更多時間在事業上，形同被綁架一般，沒辦法去做其他想要的事。

小而美的一人公司

這幾年「質疑成長」的思維崛起，其中保羅・賈維斯（Paul Jarvis）的《一人公司》是著名的代表作，他提倡未來企業趨勢不是追求更大規模，而是更好的經營，「維持小規模進而帶來自由，讓你可以去追求生活中更有意義的樂事。」

保羅是一位網頁設計師與網路商業顧問，客戶包含全球知名企業如賓士、微軟等，他的事業相當成功，但就在公司如日中天時，選擇賣掉在溫哥華市中心的房子，與妻子搬到偏僻的小鄉鎮，過著所謂的邊緣生活。因為他發現受到其他因素不斷推動，公司正被迫發展成更大的企業，而他也越來越不自由，花費更多時間與金錢在維持營運，自己卻越發不快樂。

為了找回自主權，他刻意縮小公司規模，對他來說工作只是維持生活必須的其中一個環節：「**當我們為自己創造一個最基本、沒有其他事物、同時兼顧工作的生活時，有些事開始變得顯而易見——哪些是真正的必需**

品，而哪些不是。」他將這樣反其道而行的經營理念稱作「一人公司」（Company of One），人數不是重點，而是小而美的永續經營之道。

保羅的思考為許多人帶來解放，讓其他不願追求最大利益，卻被社會主流唾棄的經營者，開始敢站出來說：「對，我就是不要賺更多錢，達到我覺得『足夠』的數量就好了。」有些人甚至是工作半年賺夠了錢，剩下的半年就放假做其他喜歡的事。

我覺得這樣的想法就像我前面提到的「最低限度的美好生活」，不是沒有盡頭地追求財富，而是畫一條生活的最低門檻，越過了線後擁有的是無限自由。

如年輪穩定生長的伊那食品

日本有家企業就是一人公司的典範——以生產寒天為主的伊那食品。

它在一九五八年成立，在日本市佔率達八成，一年營業額二百億日圓（約台幣五十五億），雖然跟豐田、日立、Sony、三菱電機等年營業額破兆的企業相比，只算一家中型企業，卻是日本民眾最希望永遠存在的企業第一名。

網媒CUP曾報導，伊那食品的會長塚越寬有一套「年輪理論」：他認為企業增長不必太快，反而必須像樹的年輪一樣，慢慢生長，才會穩定扎實。二〇一五年日本曾掀起一股寒天減肥旋風，當時許多廠商都趕緊擴張搶食市場，塚越寬卻說：「只賺該賺的，不要被突如其來的浪潮打亂腳步。」事後證明他是對的，隔年寒天旋風退燒，許多廠商倒閉，伊那食品卻屹立不搖。

「企業產生業績，就像人體排出排泄物，不必刻意下功夫，只需按著作息和飲食，即可自然形成。」只把該做的事做好，穩健經營才是長久永續之道。

堅持一年百分之八成長的豐泰鞋業

在台灣也有一間代表企業——Nike喬丹鞋的代工供應商「豐泰」。

位於雲林斗六的豐泰，雖然擁有十一萬員工，卻完全符合一人公司的精神，不追求無限擴張，而是長年將成長維持在企業適合的百分之八。

商業週刊曾採訪董事長王秋雄，他計算過一座製鞋工廠平均八千名員工，如果要好好經營，就得培養十五位以上優秀的當地經營人才，而一個總經理的養成要十年，所以算下來一年百分之八的成長率，就正好配合人才培養的速度。

在一九八七至一九八九年間，許多台灣代工廠出走，紛紛到工資更低廉的中國大陸或是東南亞地區，王秋雄卻堅持留在台灣，Nike 為了幫他一把，就改將高單價的鞋款訂單下給豐泰，讓豐泰不必以壓低成本競爭，反而可以進行研發與升級。

「做好，比做大更重要。」結果四十五年下來，豐泰的股東權益報酬率（ROE）反而贏過其他高速成長的製鞋廠，再次證明了走得快，不如慢慢走得長遠。

把人當回事的經濟學

上個世紀開始的大規模經濟開發活動，雖然為我們帶來豐足的物質生活，卻也漸漸造成環境汙染、極端氣候變遷等反撲，我們正為過去的索取付出相對代價。

或許就是這樣的背景下，一人公司的思想逐漸浮上檯面，成為新世代擁抱的價值，在急劇擴張後，我們開始反省要怎麼和他人、環境、下個世代和平共存，而不是眼前只有當下的自己。

我很喜歡一本經濟學經典，叫做《小即是美》——一本把人當回事的經濟學著作，和其他提倡利益最大化的典籍不同，經濟哲學家修馬克（E.F. Schumacher）早在一九七三年就提出小規模的經濟模式，他看見人類總是擁有了局部知識後就大規模亂用，例如核能、化工等，後果往往危害慘烈。

所以他覺得不應再追求大規模經濟，而是以人為主體的發展：「由小單位組織起來的人們，對其土地或別的天然資源都比較會用心照顧，不像那些不知名的公司或不可一世的政府，自認整個宇宙都是他們合法的囊中物。」精闢的見解讓我認同不已。

如今我不再像從前一樣，只覺得大又賺錢的企業才是成功，**如果我們能從這種迷思中解放，不去爭破頭搶第一，甘於居小而自由地，安在自己的一片天，也許才是充滿智慧的生命之道。**

不是只有美好一面

必須說件可能打破大家美夢的事：找到自己想做一輩子的工作，或是成為自由工作者，兩件事情聽起來都非常美好，但不代表你的人生從此以後就沒有煩惱。

煩惱和壓力會一直存在

在寫這本書時，因為是我的第一本著作，我給了自己很大的壓力，除了盡可能回顧這兩年的路程，重新感受當時的心情，分享真實的恐懼與迷惘外，也想分享一些這兩年帶給我不同觀點的新思維，以及採訪其他朋友追求自我的故事，書寫上比我原本想像的還要挑戰。雖然一直有在進度上，但每當想到截稿日期一天天逼近，手上也還有每周需固定更新的專欄，就覺得胸口被一團氣壓悶得沉重。

大約在書寫到一半時，我開始出現了嚴重的失眠症狀，原本就不易入睡的我，過往都必須在床上翻滾一兩個小時才會睡著，但那陣子更加嚴重，在黑暗中頂著關不了機的清醒腦袋，一路躺到凌晨五六點，天亮了才漸漸睡去。這樣的狀態大約持續了兩個禮拜，每晚我躺在床上都像找不到鑰匙的孩子，怎麼都找不到熟睡的入門途徑，後來甚至到了晚上我就會開始恐慌，擔心自己今晚又要失眠。

當然比起多數的上班族，我幸運的是可以在白天補眠，不用有被時間綁住的壓力，但是失眠一事仍舊困擾我，連同白天寫作的思緒都難以清明，後來甚至開始出現胸口、背部疼痛的狀況。我緊急求助了有過這樣類似經驗的朋友，她是一位體態按摩師，同時也是我的心靈引路者，每每有什麼解不開的心事，她都能用充滿愛又光明的方式幫助我緩解。

她說過去在電子業工作時，有段時期壓力過大，身體過度勞累反而睡不著，曾有一個月只睡了兩天的紀錄，半夜為了抒壓還爬起來畫畫、做手工藝。「我覺得應該是自律神經失調了。」原本不知道身體出了什麼狀況，一度胡思亂想擔心是乳癌、心肌梗塞的我，聽到了這個關鍵字，頓時覺得應該就是這個病症沒錯，我的神經已被壓力搞得錯亂，分不清楚該休息還是工作，導致我想休息還是休息不了。

後來我開始回想，自由接案工作的這兩年，我的作息都是較為隨意的，因為沒有哪個時間一定要做什麼，我就讓自己隨心所欲，想睡就睡，想工作就工作，想追劇就追劇。在一開始沒有什麼案子時，這樣的模式很舒適，而且才剛脫離固定上下班的職場，有種自己終於放暑假的過癮；後來漸漸手上的稿件增多，也有了一些演講邀約，白天散漫的作息，導致有時到了晚上十二點還在寫稿，身體因此失去了自我節奏。

自由工作者更需要規律的時間計畫

於是我發現，即使是自己在家工作，不用對誰交代上下班時間，在工作漸增的狀況下，我應該開始安排更規律的時間計畫，讓身體有意識切換工作與休息模式，才能有體力走得更長遠。

兩年前我之所以離職，就是被身體的疼痛提醒，必須正視過大的壓力與不喜歡的工作。**本以為成為自由文字工作者，人生從此都能度過快樂的每一天，但事實上並不是如此。即使我已穿越了許多恐懼與迷惘，但只要仍舊活著，就會有挑戰隨著生命的前進，不斷迎面而來。**

但不同的是我不再被同一個關卡困住，而是隨著升級遇上了更難的、全新的挑戰。從前就很想寫書的我，卻苦思不知道可寫什麼，有誰要看？終於靈光一現有了本書的想法後，就開始煩惱什麼樣的內容可以更貼近大家，又擔心自己無法真的完成；完成後就換成煩憂要怎麼賣這本書，讓更多需要的人知道它的存在？然後接下來一定就會去想，那下一本書要寫什麼？能夠這樣寫一輩子嗎？

煩惱總會如雪球滾滾而來，這才是人生的常態。所以請不用羨慕那些做著熱愛工作的人們，以為他們就像找到了天堂的入口，從此人生逍遙優游，那只是想像的投射，**真實是大家同樣辛苦，我們不過是選擇了自己更甘願的那種疲累。**

也請不要帶著這樣的幻想貿然離職，以為換了跑道或轉變工作模式，就能無痛得到一個快樂無憂的人生，唯有不斷在過程裡檢視自己的內心，直面自我的恐懼，讓心靈漸漸強壯飽滿，才是一切改變的至關要件。

迷惘的人需要Ikigai

這幾年自由工作的探索歷程，讓我覺得人一生最重要的，便是了解自己想要什麼，並且勇敢實踐成為想要的樣子，那是非常過癮的一件事。

不過光是要知道自己究竟想要什麼，就是一件需要時間探索的事。我遇過許多朋友，不管是正要畢業或是打算轉職的，都對自己的人生感到迷惘，不確定喜歡什麼，適合做什麼，更不知道人生的意義在哪，到底為何而活？

生命的意義在日文裡，有個專門的詞彙叫做「Ikigai」（生き甲斐），也就是每天早上你為何醒來，活著的理由。這個精神哲學深植在日本的文化裡，許多職人如壽司師傅、漆器工匠、動畫大師，傾其一生的時間只為做好一件事，默默改變世界也豐富了自己，就是貫徹著他們生命的Ikigai。

能夠找到一輩子最想做的那件事，肯定是很滿足的吧！但到底怎麼尋找個人的 Ikigai 呢？

來自西班牙，長期旅居日本的攝影師 Héctor García，曾在走遍日本深刻感受後，寫了《Ikigai: The Japanese Secret to a Long and Happy Life》一書，分享日本人的幸福祕密。

喜歡、擅長、能賺錢、對世界有益

Héctor García 認為 Ikigai 是由「你喜歡的、你擅長的、別人願意付錢給你、世界需要的事」這四件要素組成。

1. 你喜歡的事（Things you love）：顧名思義，就是不需額外動機，只要有機會你就自動想做的事，而且相當享受其中。可能是生活日常的吃飯、睡覺、洗澡、按摩，或是興趣導向的旅行、看書、看電影、運動、畫畫、與朋友聊天、逛街等。就算是聽起來微不足道或是冷門的事，比如陪貓咪玩、聞狗狗腳掌，都可以盡情列入喜歡的事。

2. 你擅長的事（Things you're good at）：個人做起來得心應手，或是常常被人稱讚的事，比如行銷、會計、設計、簡報、客服等。抑或是人格特質，例如善於聆聽、抓重點、整理文件、富親切感、很會社交、分析能力強、學習速度快。也可能是身體的優勢，像身型修長、體態優美、力氣大、長相有特色等。任何你做起來容易成功，且也有自信的，就是你擅長的事。

3. 別人會付錢給你的事（Things you can be paid for）：他人願意用金錢請你幫忙做的事，可能來自你所喜歡或擅長的事，當累積出一定的專業，他人願意買單、雇用。比如平面設計、業務推銷、採訪報導、會計管帳、文案撰寫等。基本的財富是維持生命的必須，你正用什麼能力賺錢？還有哪些潛在的工作技能？

4. 世界需要的事（What the world needs）：你認為這個世界需要什麼呢？一個美好的設計、清楚明瞭的資訊管道、一場好玩的活動、一個性別友善的社會，或是溫暖的愛、平靜的心、光明的想法、真實的分享。又或者更少的貧窮、減少環境汙染、不再有戰爭等，任何你所在意，覺得這個世界正需要的價值是什麼？

當這四件要素彼此交集在一起，那項事物可能就是你人生的 Ikigai。以我自己為例，我非常享受寫作，每次寫文章都會進入「心流」狀態，完全忘記時間的存在，當下只有我跟文字在一起，常常寫完才發現已經過了兩個小時。寫作也是我所擅長的事，我對詞彙敏感，而且清楚怎樣的表達會讓讀者有感、明瞭。

成為專職文字工作者後，寫稿就成為了收入來源，是他人願意付錢請我做的事。而我覺得這世界需要有人分享自己受傷的經驗，怎麼從失落中站起來，重新找回內在的力量，所以這成了我在專欄中很重要的寫作主題。我也期望自己寫出更多真實故事，陪伴讀者。

有時收到一些讀者的來信回饋，讓我更確信了自己的文字有其價值與意義。所以對我來說，人生目前的 Ikigai 就是：以文字寫出真實、有力量的故事，持續療癒人心，陪伴大家。

暫時找不到交集，就持續探索嘗試

如果四件事情找不到交集之處，也沒有關係，有可能你需要更多時間，慢慢尋找與培養。像我從單純喜歡寫字，到變成一種專長，開始有寫專欄的機會，再到有稿費收入且獲得讀者回饋，也是經過了一段時間的累積，才漸漸確信就是這條路。你需要更多的嘗試與摸索，不設限自我，開放地去接觸新事物；或是持續做著喜歡的事，讓它有機會發展成獨特的專業。

例如我男友成為影像工作者的契機，是某年去柬埔寨當志工時，帶了一台向朋友借的相機，當地的孩子感到新鮮又好奇，就拿著相機去拍照。後來孩子回來時，男友查看了相機的內容，發現孩子拍了許多有趣的畫面，是不同以往的童趣視角，他心血來潮想試著剪成影片，便剪了人生中的第一支片，沒想到成果受到同行的夥伴稱讚，他才發現影像工作的樂趣，漸漸走上這一條路。

那會不會有人永遠無法找到這四個項目的交集呢？沒關係，你還是可以透過這個方法，幫助你釐清什麼是賺錢的工具，雖然可能少了些熱情，但你可以在工作以外的時間補足，下班後就盡量做喜歡的事，滿足心靈。

這不是一份考試，填滿後找到交集的人就滿分，而是協助釐清個人狀態，幫助你思考自我。

我曾在演講中帶讀者運用這個工具思索，其中許多人碰到的疑惑是，認為世界需要愛、和平、同理、互助，但是跟自己的工作好像扯不上邊，不知如何交集，雖然有成就感但偶爾會迷惘。我的想法是，不一定要在特定的位置，你才能實現完整的自己，可以在現有的工作中加入你在意的價值，想辦法拉近兩者間的距離，比如若你是活動企劃師，在意環保議題，那試著在活動細節裡加入保護環境的做法，或是直接舉辦環保相關的活動；若希望帶給世界更多的愛，也能在與同事合作，或是跟參與者接觸時，帶入這樣的心情實踐。

不一定要跟工作有關，生活小事也都是 Ikigai

除了運用四個元素尋找一生想做的志業外，更多時候生命的意義不與工作有關，而是你能不能享受地活在當下。

由日本腦科學家茂木健一郎撰寫的《IKIGAI．生之意義》，提出 Ikigai 的五大支柱，分別是：從小處著手、解放自我的執著、和諧與持續、些微的喜悅、活在當下。

相較於前面提到的四大要素，茂木健一郎的分享著重在日常生活裡，就有許多讓人感受到生命喜悅的小事。比如早晨的一杯咖啡、跟隔壁鄰居打招呼、順暢無比的交通、剛打掃完乾淨整齊的房間、營養美味的餐點等，有點像是小確幸，微小卻讓人幸福，而且可以持續不斷發生，不像加薪、升官、中樂透那樣煙火式短暫狂喜的快樂，而是小小的閃耀，能時常在生活裡遇見。

對我而言，每天回家看到狗狗熱烈搖著尾巴、拚命抓著要我抱牠，跟牠一起倒在床上，撫摸牠的柔軟與溫熱，就是人生一大 Ikigai。我願意每天活著，只為了跟牠膩在一起，享受無條件被愛，以及照顧一個小生命的滿足幸福。生活中有好多自己能掌握的小細節，都能實踐你的 Ikigai。

對你來說，那些微不足道卻意義重大的 Ikigai 是什麼呢？有什麼事是你想用盡一輩子，好好去完成與實踐的？找到自己的 Ikigai，讓我們過一場不虛此行的充實人生！

精神疾病製造商

我家樓下的滷味店有位女員工，每次見她都面無表情，安靜做著工作，好像一位機器人，我一直認為她就是那樣平淡的人。直到有次我到附近吃早餐，遠遠看見她也在，神采奕奕與友人談笑風生，臉上的燦笑沒有停過，極大的反差讓我驚訝無比，原來這才是真正的她，一個有情緒有表情的人類。

我想起另一位高中同學，畢業後加入零件公司當業務，每每到了旺季都要加班到晚上十點，周末還要再去趕工。最令她痛苦的除了高工時外，是自己必須因應客戶的緊急要求，去向工廠施壓請他們連夜處理，一層層不健康的壓力與剝削，她是受害者也成了加害者，不想這麼做卻又不得已，有天晚上她打給我哭著說：「我覺得離自己越來越遠，好像變成了一個不認識的人，一點都感覺不到自己。」

使人異化的生產工作

這不是他們的錯，而是許多工作的本質，就是會把人變成機器，漸漸失去靈魂。

馬克思曾提出有名的「異化」理論，指個人與環境、團體和文化疏離的感覺。在現代資本主義體系下，工人無法掌控生產什麼，也就是他的勞動產品，都是由老闆決定生產什麼，員工就配合達成目標，即使他可能根本就不認同。有些人甚至買不起自己生產的產品，像是許多生產智慧型手機的工人，終其一生從未擁有一只手機。

勞動過程本身也使生產者喪失掌控權，「他在自己的勞動中不是肯定自己，而是否定自己，不是感到幸福，而是感到不幸，不是自由地發揮體力和智力，而是使自己的肉體受折磨。」

電影《小丑》就是個鮮明的例子，主角亞瑟的工作是扮演小丑為客戶招攬生意，但作為一位被雇者，他無法選擇客戶、地點，甚至無法忠於自己的情緒，本身有重度憂鬱的他，為了討生存卻必須戴上開心的面具，假裝一切都很好，自己一點事也沒有。在工作的過程中越是壓抑，就越是遠離了自己，他生產著「快樂」，自己卻是一輩子沒快樂過。

異化最可怕的地方，就在它也造成了人類彼此之間的異化，像是資本家之間的競逐，以及資本家對工人的剝削，如果不這麼做，就會被其他剝削得更嚴重的資本家贏過，遭到市場淘汰。

追求利益最大化是資本主義的內建引擎，「互相剝削」成了規則，所以工人之間也必須把彼此當對手，看誰可以最大限度地利用對方。

社會正在把人逼瘋

所以大部分人的工作都是不快樂的，我們不知道自己在做什麼，為何而做，與同事間也要保持警戒，提防他為了爬更高而犧牲我們。這樣異化久了，會使人產生精神上的空虛與錯亂，長期下來造成精神疾病。英國社工學者伊恩・弗格森（Iain Ferguson）就指出精神疾病與資本主義的關聯，寫成《精神疾病製造商：資本社會如何剝奪你的快樂？》一書，拆解精神痛苦的社會根源。

過去我們以生物醫學權威角度，認為精神疾病是大腦缺陷所致，就像其他疾病一樣，只要用藥加以控制，就能成功康復；但是這樣的觀點卻忽視了社會環境，將致病原因推向個人生理問題，使得患者被汙名化，獨自承受生病的壓力。

世界衛生組織二〇一八年報告，全球每年約有三億人為憂鬱症所苦，到了二〇二〇年憂鬱症將成為主要的精神障礙。而在台灣，也有二百萬人符合憂鬱症狀，二〇一七年服用憂鬱藥的人數多達一百二十七萬，較前一年成長了六萬人，且在貧困者身上的發生率更高。越來越高的發病率，不是偶然，而是整個社會環境正漸漸把人逼瘋。

找回生命的掌控權

那我們到底該怎麼做？弗格森在書中提出的辦法是「奪回掌控權」，

也就是鼓勵人們參與集體抗爭，用力說出自己的心聲，爭取自己需要的一切，並要求世界的規則改變，「讓個人額頭上的皺紋返回罷工糾察線」。所以我們看見，當今已有不少國家爆發大規模的抗爭，「人們在這個過程中再次感覺重獲掌控，集體心理健康反而因此前景看好」。

或許不一定要走上街頭，我們在職場中如能更多一點展現自我，也會找回更多掌控感，像是在簡報時加入個人風格，盡量說出真實想法；辦活動時加入一些自己的巧思，讓靈魂的意志得以展現；找廠商時選擇價值觀相符的，讓合作更心甘情願；又或者是，選擇一份你喜歡的工作。

那位高中同學，後來就在一個月後離職了，原本再撐一陣子就能領到豐厚的年終，但她實在無法再逼迫自己。離職後她告訴我，想要回到家鄉開一間書店，讓那個城鎮能有個知識集散之地，讓想讀書的人們有個去處。她說著夢想時眼神發亮，雖然前方的路更加未知，也沒了穩定收入，但至少她拿回了掌控權，也找回了自己。

在職場上不快樂不是因為你不夠努力，或是不夠堅強，搞不好正是因為你太努力迎合社會，才失去了對生命的掌控權，偶爾退一步看看自己與工作的關係，關注環境對個人的影響，也許就能找到真正可以努力的空間在哪裡。

隱形的能量戰爭

在臉書上公佈我微薄的月收入後，身邊的朋友不僅沒瞧不起，反而紛紛來訊表示佩服我的選擇。

其中一位是許久不見的高中摯友，她在銀行業擔任儲備幹部，卻告訴我：「我一直很想辭職，但是就卡在無法放棄薪水的關卡，就算我每天都知道自己活得很惶恐，變得神經兮兮也很愛哭，我還是怕如果放棄了，別人就會覺得我不成功。」她剛開始上班時，就有聽她說薪水還不錯，沒想到此刻卻成為綑綁她的枷鎖：「我發現自己只是一直在證明，我值得這個薪水而已。」

人類最大的不自由來源之一，就是容易活在別人的眼光裡，讓自己屈就於他人的評價，卻往往因此痛苦不已。有次在閱讀烏托邦冒險小說《聖境預言書》時，我看見了這股恐懼與牽制，背後所運作的機制。

能量爭奪戰：無意識上演的控制戲

小說描述一部古老的手稿在祕魯被挖掘出土，上面預言了人類在文明的進程中，將依序掌握九項覺悟，在下一個千禧年進化出高度靈性文化的聖境。主角也在追尋預言書的過程中，漸漸領會九項覺悟，從而開啟了不一樣的生命。

作者從「能量進化」的角度看人類社會的互動與歷史。其實，每個人身上都帶有自己的能量，萬物之間的交流，就是能量的流通。所以我們時常聽到某人「氣場強大」，或是我們感覺與他人「磁場不合」，正是能量的一種運作。

人活著需要好的能量維持，可以透過好的食物、環境供給，或是與宇宙能量連結。可是現代人的生活，讓我們與許多自然的能量連結斷裂了，於是我們開始從他人身上奪取。

我們沒有辦法輕易察覺到能量的運作，卻時常落入「能量爭奪」的爭戰中。所謂能量爭奪就是當人與人之間互動時，會希望對方的能量流向自己，最常見的例子就是情侶間的吵架，往往都是永無止境的爭執，有時大聲說話，有時沉默冷戰，但潛意識都想贏得爭吵，弱勢一方的能量就會流向強勢的那方，藉以讓自己感覺更充足。

激烈爭吵或冷戰，都是我們為了得到能量而演出的「控制戲」，這齣戲從我們小時候就開始了。當父母的心靈不夠健全，能量不夠充足，可能會下意識從孩子身上吸收能量，方法就是大聲斥責的「脅迫型」，或是咄咄逼人的「審問型」，孩子為了保護自己，就可能發展出封閉自我的「冷漠型」，或是苦苦哀求的「乞憐型」。

脅迫、審問、冷漠、乞憐，是能量爭奪控制戲的四種方法，人們終其一生都在人際關係中，以這些方法控制他人，爭奪能量。小時候常常面對父母脅迫的孩子，會表現出乞憐的樣子以獲得他人的關愛與能量，但當他長大後，可能對自己的孩子再次重演脅迫的戲碼，因為他沒有辦法控制自己爭奪能量的行為。

職場的失落，將侵蝕整個生活

從能量爭奪的觀點來看，旁人的眼光其實就像這些隱藏的控制戲，透過一個個「你這樣不行」、「你好奇怪，跟我們不一樣」、「我過得比你好」、「沒有這麼做就是失敗的人生」，這類有形無形的言語、眼神，來強制他人認同自我的價值觀，你縱然有千百個不認同，但當你感覺不配合就會被瞧不起時，你的靈魂已經下跪了，而你的能量正在向外散去，流向你害怕的那些他人，或是整個社會的集體潛意識中。於是你反而越配合越虛弱，因為並未真正為自我活著。

一個個被吸走能量的不甘靈魂，又為了自己的生存，再去以控制戲碼攻向比自己更弱勢的人們，可能是年輕人、女性。能量戰場不只會發生在職場，若你在職場上已是食物鏈的最低階，就有可能將這份不滿轉而發洩在家人、愛人、朋友、毛孩身上，使得你在職場的不如意，也慢慢侵蝕了生活領域，逐漸變成一個自己不再喜歡的樣子。

雖然我們看不見能量，也聽來有些玄虛，但就像近年來心理學爆紅的「情緒勒索」一詞，我們不只會被他人的情緒左右，也會被主流價值觀綁架，這是你我都清楚的事實。這件事最可怕的地方，在於若我們沒有覺察，就會一輩子在不自覺中，下跪在你並不喜愛的事物面前，即使真正有錢、有地位了，卻後悔內心越活越乾癟。

停止彼此控制，為自己充足能量

該怎麼停止這種爭奪，不再被捲入能量大戰？首先你必須有自我意識，看見自己與身邊正在上演的控制戲。

我認識一位阿姨，自行創業有不錯的成績，每回言談間都會有意無意提到自己多忙碌，收入多驚人，又達到了什麼成就，總想和身邊人較勁，證明自己是最好的。旁人如果沒看清她內心其實不自信，一起加入了較勁的行列，可能就會在一來一往的比較中，不小心減損了自己的元氣。

所以當身旁有人開啟能量戰局時，去意識正上演的戲碼與隱形的強取豪奪，你就開啟了重要的第一步，能解救自己與身邊的人，跳脫彼此消耗的爛遊戲。

除了停止向外的能量爭奪外，我們也要學著為自己充足能量。其實，為自己充足能量的方法，就是把自己照顧好。吃新鮮又營養的一餐，吸收食物帶來的能量；到山上走走，感受大地的自然能量。還有最重要的：做一件喜歡的事，讓愛的喜悅盈滿自己，你一定知道，什麼事會讓你能量滿滿！

朋友後來告訴我：「看到你坦然公佈收入後，我反而覺得這真是沒什麼，大家會為這個勇氣喝采。」**當你敢於定義自我的成功，跳脫他人的眼光，就能不再去跟別人爭戰，把珍貴的時間留給取悅自己。**

5

我們，走自己的路

一隅有花

一隅有花的工作室，隱身在台北大安區的公寓，滿室鮮花各自綻放，白色牆面與木質家具乾淨素雅，和溫潤的日光互相輝映，讓人一進去就溫暖放鬆，心情開闊愉悅。這不是一間實體花店，而是每周配送鮮花的網路花店，也是創辦人小亦與柏韋，每天與植物一起呼吸、共同生活的家。

小亦和柏韋是一對可愛戀人，在二〇一六年秋天開始他們的創業冒險，初衷溫柔，希望將花帶入大家的生活，就像品牌名稱「一隅有花」，讓那個靜謐角落因為有了花朵陪伴不再一樣。

我曾在一次協助企業舉辦尾牙時，向他們訂購了桌花擺飾，一位女孩和男孩拿著花走來，我看男孩長得很面熟，驚訝發現是同系的學弟柏韋，才知道原來這是他和女友小亦一起創辦的事業。

愛花的設計系女孩

小亦給人的感覺像海芋清雅，說起對植物的愛又像精靈般閃動，她在生命之初就與植物有了親密連結，她說媽媽喜歡種花，「小時候就會和她一起換土、栽種，覺得植物好療癒好親近。」植物一直是她的愛，比起華麗花束，她更喜歡在路邊偶遇的小花，有時不知道品種也沒關係，她會蹲在那裡與它交流，感受單純的美好。

研究所時期，她離開高雄到台北讀工業設計，只想要自己的設計對世界帶來好的影響，卻無法習慣一切講求商業至上的環境，粉紅泡泡被戳破，期望被現實壓過，研究室一張小桌子，成了她唯一能保有初心的天地，整間研究室髒亂又壓迫，她選擇在桌上擺滿植物，讓它們撐起她的呼吸，「我很明確知道，自己真的非常喜歡植物。」

小亦的專長是使用者體驗設計（UX），在電商服務越來越普遍的現代，是相當搶手的人才，中國知名電商曾開出百萬年薪要請她去工作，她曾經心動，但仔細思考後，還是選擇留在台灣，並想做跟花有關的事。

「我常靠著想像畫面來做決定，當眼前浮現坐在辦公室，和另一個我在綁花的樣子，立刻就知道後者讓我怦然心動。」

想做跟花有關的事，很明確，但到底要做什麼，卻沒有輪廓。有天她走進一間花店，第一次買花，用一百五十元送花給自己。後來她去便利商店，結帳時把花擺在桌上，店員就一直盯著那束花，問她這要多少錢？發現價錢平實後，店員讚嘆：「如果每個禮拜花一點小錢，就能讓心情變好，也很不錯耶！」小亦才靈光乍現，想到可以做每周鮮花的配送服務。

讓花走入人們的生活

後來她與剛退伍的柏韋相識、相戀，也將這個夢想告訴他。在大四那年就與學長一起創業，做「美感細胞——教科書再造計畫」的柏韋，覺得這個點子可行，決定和女友一起試試看。

他們先創了粉專，連續五十天發文，分享有關花的介紹、照顧方式，慢慢累積出社群溫度，粉專累積到千位粉絲。後來柏韋也加入寫每周小語，用一則短句分享生活中的感悟，安定撫慰了人心。

他們開始做周花試營運，一推出就有兩百人願意參與，讓他們發現這個服務真的有人需要。小亦沒有學過正式的花藝，但就憑藉著自己的美感、直覺，挑選花材，做出一束束和諧又亮麗的綁花，然後騎車出去配送。

試營運的結果順利，隔年三月，一隅有花的周花訂閱正式上線。

每周一二是最忙的配送日，周一早上，他們會在凌晨六點前往內湖花市，挑選當周要配送的主題花，通常是當季盛產，或是比較耐活的，希望鮮花陪伴客人長一點的時間。回家後，小亦與小幫手們就將花材一一修枝、裝束，搭配柏韋的每周小卡，變成一個精緻的禮物，再請物流送到客戶手中。每周約兩百筆的訂單，通常就要包上一整天，柏韋也會事先研究出配送路線，在地圖上連連看，找出最有效率的運送方式。

他們就這樣互相搭配、一起合作，真的把最愛的花藝，變成正式事業。這個創新模式，在台灣還沒人做過，創業初期，有許多勸退他們的聲音，說台灣的市場不好，物流也會讓花容易壞，「但這完全沒有讓我們退卻，反而試著去改變他們說的困難點。」於是他們設計出自己的物流裝置，讓花在運送時仍安然挺立，成功克服前人遇到的問題。

曾經有一對母女，在買了他們的花束後，發現家中的牆面不夠襯托花的美，於是把牆面重新油漆，開始注重生活質感，整個家從此不一樣。也有一對夫妻，原本正在冷戰，卻收到當周花束看到小卡寫著：「生命太短暫，沒有時間恨一個人這麼久。」馬上決定跟對方和好。「這些都是我們不曾想過，花束能發揮的影響。」

爭吵中攜手前進

雖然是情侶創業，又在家工作，但他們在公司的營運上還是嚴謹清楚，兩人固定領月薪，周一到周五上班。

個性不太相同的兩人，也常常吵架，我到訪的這天，他們在我面前就吵了三回。

柏韋想開發新產品，小亦怕他沒想清楚就行動：「你每次嘗試新東西都太衝動了，沒有先跟我討論！」柏韋立刻反駁：「有啊，但是你都直接打槍我，最後全部被駁回。」

兩人真實的日常就在我面前展開，我一邊笑一邊覺得如果我跟男友一起創業，大概也會出現這樣的場景。後來我跟小亦說，柏韋一定不是衝動行事，他應該都有做過調查才會提出新的點子，柏韋立刻點頭，說他都有經過案例搜尋，不是憑空想像。我交代他：「那你以後記得把田野調查筆記給小亦，這樣她才會懂你思考的脈絡。」小亦瘋狂贊同。

我也懂小亦害怕生活失控的心情，畢竟好不容易才找到兼具興趣與生存的模式，我告訴柏韋：**「冒險嘗試當然沒有關係，但是要慢慢加速，因為我們不是對自己那麼有自信的人，擔心失敗後會一蹶不振，所以穩穩前進比較安心。」**柏韋才懂了女友的心情，激動地跟我握手。

情侶吵架常常是這樣，兩人在一場迷霧中找不到方向，但旁人一眼就看到他們想向對方說的「真話」是什麼。我很感激他們能毫不掩飾，把真實的一面呈現出來，打破大家可能有的幻想，以為與花草為伍的日子總是愜意，與伴侶創業一定禮讓恩愛，其實在爭執中試著協調、理解、靠近，才是過程中真正的堆疊，也是你多在意這份事業，在乎對方的明證。

不犧牲自我的選擇

問他們喜歡現在的生活嗎？曾經在廣告公司工作過三個月，每天加班到半夜兩點，隔天早上九點再繼續上班的柏韋，覺得現在愉快極了，「那真是我人生最累的時期，連我家周圍餐廳全換了都不知道。」彷彿走過地獄，哪裡都是天堂。他也清楚收入的邊際效益是會遞減的，就算賺了很多錢，到一定程度就不會再快樂，不如選擇足夠收入也開心的那個。

小亦也喜歡這樣的日子，挑花、綁花、寫文、玩貓、教課、跟男友吵架，「不過感覺越來越忙，希望不要犧牲到生活品質。」

「犧牲」一詞其實不斷被小亦提到，家人原本都期待她走上設計師之路，賺取百萬年薪，除了自己的溫飽，也能支援家裡的經濟，所以在她選擇花藝創業後，有過不能諒解的冷戰日子。

「他們可能覺得我是叛逆的女兒，沒有依照他們的心意過活吧，但我就是看到媽媽為這個家犧牲太多，我不希望再用自己的犧牲去彌補她的失去。」這也許是人永恆的課題吧，在滿足他人的期待，與自我的渴望間拉扯、掙扎，特別是最親近的家人，那獨立與依附的糾結，永遠是盤踞眉頭的心事。

小亦的這份創業，源自與母親相連的親密回憶，柏韋說：「她媽媽其實是我們的頭號粉絲，不過個性跟女兒一樣倔強，都不會說出來。」小亦不想承認，卻又無法否認。柏韋果然是創業夥伴兼男友，最懂身邊這個人。

那天聊完後，他們抓了兩束淡粉色的虎頭蘭說：「學姊，這花讓你帶回去！」我欣喜接下，心情立刻被點亮，感受到植物的神奇。

後來走在路上，覺得路人都在看我，有些害羞又有些驕傲。剛好朋友在附近上班，我就把其中一束送去，她驚喜不已，臉上泛出笑容，像剛陷入熱戀的人那樣甜蜜，我也覺得自己做了一件很棒的事。

這就是一隅有花的故事，從一位女孩對花的愛，一對戀人對彼此的愛，再到他們對世界滿滿的祝福，不多不少，用一束小花妝點，就能為心靈帶來療癒，也為自己創造想要的生活。

老妹的發光祕密

老實說剛開始看到這個人出現時，我有點嫉妒。

幾年前，一篇名為〈致終將成為的老妹：麵包我自己賺，愛情不是誰都能給〉的文章在女人迷爆紅，一上線就突破十萬閱讀，後來總累積超過三十萬點閱。那時我也開始寫專欄不久，點閱卻一般般，看到這位叫「柚子甜」的作者才第一篇文章就引爆話題，心裡很不是滋味，又默默覺得她筆下的老妹系列的確獨到又貼切，恨自己的才華不及別人。

有次活動，我們幾位作者受邀參與，那時柚子甜已出了第一本著作《老妹世代：30歲後，我反而更喜歡自己》，現場許多人都是她的讀者，我是個默默無聞的路人甲。知道她同時是心靈工作者，也喜歡身心靈領域卻還不知道該做什麼的我，深深羨慕她達到了我想要做到的事，覺得自卑極了。

幾個月後女人迷舉辦了工作坊，我和柚子甜都是講者，主編在事前聯繫時告訴我，柚子甜說她喜歡我的文章，很期待可以認識我。我受寵若驚，原以為自己一點也不重要，沒有半點存在感，卻被這麼厲害的人注意到了，彷彿在暗夜中突然被燈塔照到一樣。後來她主動加我臉書，跟我說：「我看你的文章很有共鳴，感覺很多背景很像！」我心裡簡直要炸出煙火。

真正認識了柚子甜後，才發現她就是位謙虛的平凡人，是我把自己做不到的恐懼投射到她身上，以為她那樣遙不可及。現在已是專業心靈工作者，也出到三本書的她，其實也曾經歷迷惘徬徨的時刻，就和我們每個人一樣。

一切從覺察不舒服開始

商管背景出身的柚子甜，大學畢業後開始擔任國外業務，長期在高壓緊張的環境下工作，後來在二十六、七歲接觸到身心靈。喜歡實戰應用的她，就在職場上試驗，在辦公桌上擺了水晶球，偷偷畫結界讓旁人不要輕易打擾。那時有位同事的態度總是讓人不舒服，一次柚子甜傳了需求給他，立刻收到對方的拒絕說無法協助，平時的柚子甜可能吞下這口氣，或是直接吵回去，但那天她突然想起最近讀到的零極限淨化，「我就在心裡偷念對不起、請原諒我、謝謝你、我愛你，然後轉念想著他可能是今天太忙所以心情不好。」沒想到下一秒就接到那位同事的電話，向她道歉自己的態度不佳，身心靈的力量就這麼顯化在她面前，讓她驚奇不已。

後來感受到自己日益倦怠，二十八歲那年她離開了工作，想試試轉換跑道，改作專案管理或行銷，於是應徵了許多公司，但她漸漸察覺到自己不喜歡這樣的生活，**「我好像好不容易逃出了一個牢籠後，又在選下一個要進入的牢籠。」**有幾次更是到了公司門口，就感覺到內心在瘋狂尖叫。柚子甜說，那是因為身心靈修練已啟動了她的「自我覺察」，所以過去壓抑的感受變得明顯，強烈到無法再繼續欺騙自己，「很像是我的皮膚已敏感到能察覺衣服的標籤和線頭，一點點不對勁都很不舒服。」

她後續想過找非政府組織的工作，覺得做有意義的事應該會比較開心，但薪水的落差讓她遲疑；她也去應徵家教，卻怎麼樣都找不到，彷彿老天爺就是一扇門窗都不開給她，總以為天底下會有容身之處的她，卻迷失在三十歲前的人生，不知該往哪裡去。

磨去尖角學習柔軟

那段時間與身邊人的關係也起了巨大變化。

首先是當時的男友，那位男友相當重視工作，認為人就是要吃苦耐勞，才是一個負責任的人，所以柚子甜的離職對他而言，是個不能諒解的決定。「我曾經想過，為了讓男友開心，要趕快讓自己回職場找份工作。」還好沒有，不然就不會有今天的柚子甜。兩人後來也因價值觀過於不同而分手。

另一位則是柚子甜的母親，在原生家庭排行老么的母親，與身為長女的柚子甜，兩人的原生性格差異極大，在日常生活中本來就常有衝突。後來柚子甜離職在家，母親雖然沒有多說什麼，但怕女兒餓死，總是偷偷在冰箱塞很多食物，高自尊心的柚子甜沒想過自己會需要母親的照顧，卻又在沒有經濟收入時不得不低頭，「我就像隻高傲的野獸，不得不接受人類的食物，一邊咬著卻又一邊維持兇狠的樣子，不然會很沒面子。」但也是那段經歷磨去了她的尖銳，重新學習與母親相處。

後來當她開始投入身心靈，母親擔心她會不會走火入魔，她想要買一個水晶簇，對沒有收入的人而言單價頗高，但她仍很想要，母親就相當不能明白，提醒她要保持理性。「那時候其實滿孤單的，自己喜歡的東西沒有人理解，身邊的朋友也是。」她的心情我完全能懂，幾乎是一模一樣，走在一條內在滿滿喜悅，外在卻質疑不斷的路。

開啟心靈工作與寫作

學習了一陣子水晶與牌卡後，柚子甜想試驗性地幫朋友解解問題，開放了二十個名額做心靈諮詢，諮詢者可以隨喜回饋。在諮詢的過程裡，她發現自己滿擅長分析問題，總能透過水晶或牌卡給她的資訊，看見案主的心靈盲點，找到根本性的問題。越做越有感覺後，有次她遇見一位案主，剛好是男人幫的編輯，聽她的分析有條有理，也看到她在部落格寫的文章，於是邀請她到網站寫專欄，就這樣，一條她從未想過的支線開啟，作家柚子甜誕生了，後續也受邀到女人迷、姊妹淘寫作。

她開始穩定的心靈諮詢服務，加上靈氣療癒，每個月開放固定名額，案主多是看了她的文章而來，她會再將案例改寫成文章，幫助更多有相似情況的朋友。於是這兩塊工作就互相餵養，諮詢案例多，文章就有素材；文章越豐富，慕名而來的讀者就越多。

有感於將步入三十歲，柚子甜察覺到身為「老妹」的心情，被社會看成貶值的過季品，但歲月的歷練卻讓她越發成熟，並且更加了解自我。她在臉書上分享：「姐不覺得『老』有什麼問題，因為我的自信與歷練扛得起。」一貼文瞬間被讚爆與轉發。她告訴所有覺得自己不上不下的女性，當老妹根本不可怕，我們可以為自己驕傲。後來老妹系列也被出版社相中出書，成為了柚子甜的出道作品。

如果沒有前面那段迷惘、跌撞、沉潛的日子，也許老妹無法發現自己的好，還是在職場與情場上尋求外在的認可；但勇敢揮別不再適合、不再喜歡的，老妹擁抱了自己，沒有什麼標籤可再威脅她。

走過黑暗才能發光

我漸漸明白，一開始認識時，柚子甜說我和她的經歷很像，真的確實是這樣。**我從前以為，眼前每一個閃耀發光的人，都是天生如此、天分過人，比我更加幸運所以能做到，但原來每個人都是在掙扎中前進，才帶自己成為今天的樣子。**

我很喜歡柚子甜的感情分析，不是教戰守則型的「讓男人更愛你的十個祕訣」，而是從問題覺察我們的心性，有哪些恐懼與不安，看清楚根源的解決之道。透過她的文章，你會知道她是個一直在提升的人，沒多久前她開始接觸精油，才過了幾個禮拜已開始應用在個案諮詢上，又過了幾天發現她辦講座，與精油達人對談將芳療融入情傷療癒，飛快的程度讓人瞠目結舌，原來我從她身上看見的光不像一座燈塔，而是一盞車尾燈。

現在的她自由安排著工作時間，做諮詢、寫作、講課，偶爾會到國外旅居一個月，讓心思放空放鬆，再次充飽能量。覺得有份全職工作才穩定的柚媽，漸漸看見女兒的選擇也不錯，甚至也開始覺察自我，有次她問柚子甜：「今天我和朋友聊天時，感覺到很嫉妒她，這是不是一份比較的心態呀？」柚子甜被媽媽嚇到，沒想到母親如此開悟。

沒想過會成為自由工作者的柚子甜，有次讀了一本名為《反脆弱》的書，作者塔雷伯說，人們往往以為堅強的反面就是脆弱，穩定的反面就是變動，但應該是「反脆弱」——超越堅韌與強固，擁有更多的彈性與應變力。從這個概念她發現，**自由工作並不是不穩定，反而能更快速知道市場反應、客戶需求，做出相對的調整與變化，其實擁有更高的生存能力。**

我們以為自由工作的不確定性，在她的描繪下竟閃亮了起來，真的是一盞明燈，走到哪都能照亮。這個光芒曾行過幽谷，走過黑暗，如今才能熠熠閃耀溫暖更多人。

公主流浪記

在我周遭，也有越來越多朋友選擇離開主流，開始創建自己的生活方式，其中一對，就是 Can 與 Kennie 夫妻。

我與他們相識在泰緬邊境，那時剛失戀兩個月，還在悲傷心痛的我，逃離了台灣想要來一場不孤單的跨年，就在那裡遇見了 Can 與 Kennie。

那時他們才剛展開一段遠距戀愛，來自新加坡的 Kennie 原本在廣告公司上班，負責媒體行銷策略，快步調的城市與繁忙的工作，讓她漸漸感到疲憊與無力，隱隱覺得有哪裡怪怪的，不確定這是她想要的生活。因緣際會下，她找到了在台東鹿野農場打工換宿的機會，隻身一人來到了這個小城鎮，便徹底愛上這裡的慢活與悠然。當時農場也有另一位來自台中的青年，在這裡學習著自然農法，夢想以後擁有自己的一片田地，他就是後來與 Kennie 結為伴侶的 Can，兩人從一起包香蕉開始，展開了異國戀曲。

過了幾個月，Can 飛到泰緬邊境的生態農場學習，Kennie 也從新加坡過來相聚。他們的個性有著極大對比：Can 平時老實少言，總是默默做事幫著他人，像棵大樹安定而平穩；Kennie 則開朗大方，初次見面聊天也不讓人覺得尷尬，燦爛的微笑就像夏季的向日葵，明亮又閃耀。如果不認識，我不會以為個性相異的兩人是伴侶，不過他們卻因著共同的生活理念走在一起，「我從小就想要蓋自己的房子！」Kennie 眼裡發著光告訴我。而 Can 雖然是台大畢業的水土保持工程師，也選擇了回歸大地當農夫，他們果真是天生一對。

後來 Kennie 回新加坡後，他們維持了兩年的遠距離戀情，在 Kennie 二十七歲那一年，終於決定來台結婚定居，與 Can 一起落腳在初識的鹿野，開始了鄉村田園生活。

這裡的天空，抬頭就能看見遠方

從泰緬回來後，我其實沒再跟他們碰過面，一直在臉書上關注著他們，直到幾年後趁著一次去台東採訪的機會，三人終於再次見面。

那天下午，Can 與 Kennie 開著小發財車到民宿接我，我與 Kennie 一碰面就給了彼此大大的擁抱，Can 則是一如往常內斂，微笑著在旁邊揮手。

他們載著我到處兜風，鹿野的空氣聞起來很清新，特別是那天才剛下過雨。我們開過樹蔭交錯的大道，一旁有當地人稱「千歲團」的阿嬤們在採茶。天空的雲霧壓得很低，後方的山頭被襯得高高的，卻又感覺很近，Kennie 看著看著突然說：「這裡最舒服的地方，就是你抬頭就能看見遠方。」我想在高樓林立的新加坡，雖然高度發展令人羨慕，但層層建築確實把人的視野都鎖住了，連一片遠方風景都變得難得。

到了他們家，是一間舊式的工廠，空間很大，應該可以停進十輛發財車，不過沒有隔間，他們自己用簾子圍出了一個房間擺床。家具大部分是買二手的，像桌椅就是附近國小本來預計淘汰的，但其實完好如初，還是能夠使用。天花板倒掛了幾束乾燥花與稻穗，那是他們在婚禮時自己綁來裝飾的。整個家的東西不多，卻處處是生活的痕跡。

除了他們兩人，家裡也養了三隻狗與兩隻貓，全是附近撿來的流浪動物。他們說有許多人棄養貓狗，或是沒有讓牠們結紮，流浪動物問題在當地嚴重，他們前後就收養與送養了超過十隻。

因為他們家以稻米種植為主，毛孩們也取了有「米」字的小名，像是：米漿、黑米、白米、米鹿。狗兒們都特別喜歡討愛，一看到我進家裡，全部衝過來把我包圍，還伸出腳來要給我握，我就像撒進魚池的飼料，快被一湧而上的毛孩們淹沒。

全新的改變，記得讓自己慢慢來

後來 Can 去煮晚餐，我和 Kennie 在旁邊敘舊，我問她喜歡現在的生活嗎？她不猶豫點點頭，不過也坦言剛開始很不習慣。剛到鹿野時，她一個人也不認識，只能依靠著 Can，但她不喜歡這樣的感覺，而且那時他們與其他室友同住，「其他人每天早上起來都很知道自己要做什麼，就去種田、畫畫、做木工之類的，但我發現我不知道自己要幹嘛。」**回想起從前的日子，就是日復一日地上班，個人成就感全來自於工作，抽離開來後，她反而不知道時間要用來做什麼，開始懷疑移居到此的決定。**

中間她也回去新加坡工作過，那時前公司剛好有個短期的專案需要協助，她就想趁此機會看看，自己到底喜歡怎樣的生活，結果不到幾天她就懷念起了在鹿野的日子，確定了這裡就是她想生活下來的地方。「我發現我也是太著急了，應該給自己多一點時間慢慢來，畢竟是全新的地方。」

漸漸她找到了自己的步調，也結交了許多朋友，還發現自己新的興趣：縫紉，她做了好多個小包包，還幫貓咪做了一個波西米亞風的小圓床，可愛極了！現在每天就跟 Can 一起去種田、除草、買菜、做飯、餵貓狗、睡午覺，也跟一群有相同理念的夥伴組成「共農共食」社群，偶爾假日擺攤賣農產品，或是新加坡太太的想家美食，像是紫米布丁跟叻沙。一年當中最忙碌的時節是季節交替，他們要收成並播種下一批作物，每一天的日子都踏實無比。

經濟上偶爾會有壓力，每個月的農產收入不穩定，扣除房屋跟農田租金、水電瓦斯、伙食與貓狗的糧食等，就大概打平了，他們也還在努力尋找可以創造更多產值的方式，畢竟他們還想蓋自己的房子呀！Kennie 說附近的長輩都很開心有年輕人來居住，但又怕他們餓死活不下去，就會三不五時給他們打零工的機會，像是請他們幫忙澆花、整修房屋、照顧貓狗等，藉此回饋一些生活費，果然是一個充滿人情味的地方。

用雙手創造，才是真正活著

為了最低限度的支出，他們連洗澡的熱水都是用柴燒的，我看著 Kennie 俐落地把樹枝踩斷，一截一截丟進爐筒裡燒，真心佩服到不行。**「以前覺得生活沒什麼，有錢就能買，真正自己用雙手創造出來時，反而才懂得珍惜，並且有了活著的感覺。」**以前 Kennie 什麼生活技能也不會，像是煮飯、洗衣，在家裡全由媽媽一手包辦，她從來也沒煩惱過。

「我媽第一次來這裡看過後還哭了。」剛開始媽媽無法明白，從小捧在手心上如公主般養大的女兒，竟然自願放下舒適便利的生活，來到鄉野過原始自然的日子，不過後來她也漸漸接受，知道這是女兒自己想要，且心甘情願的選擇。

「其實我真的沒有覺得很辛苦呀！」Kennie 自在地說。不過讓她比較困惑的是，有些朋友都會說很羨慕她現在的生活，紛紛表示他們也想要這樣，不過他們從未開始改變，總是在抱怨自己生活的苦與悶。「他們沒看見我也會有不如意的地方，也有自己的困難要克服。」**與其一味羨慕他人，埋怨自我，不如真正行動做出改變，才是最實際的。**

晚餐時間，突然下起了一場傾盆大雨，雨水把鐵皮屋頂拍打得滴答作響，我們講起話來都要加大分貝才聽得見。餐桌上擺了熱騰騰的羅勒燉飯與紫蘇蜜茶，都是他們自己種的香草，吃在口中清香綻放，真的是我吃過最美味的燉飯，讓人從靈魂感受到大地的美好能量。

飯後 Kennie 開了門要讓狗狗們去外頭尿尿，但地上溼溼的，牠們說什麼也不肯踩出去，「唉，你看，牠們就是這樣，雖然流浪過，但還是像公主很堅持耶！」我笑了，覺得 Kennie 正好相反。

二十七歲那一年，公主離開了城堡，開啟了她的流浪，在這台東鹿野的小鄉村裡，三狗二貓二人，才正要開始建造屬於他們自己的王國。

部落天堂

有一次採訪，我到了台東縣的長濱鄉，在那之前，我對長濱的印象只停留在歷史課本的史前文化，還有八仙洞的傳說，那次卻認識了一群努力復興農業與文化的小農，帶我看見未來生活的不同可能。

他們是「野市集合作社」的夥伴，有的是在地居民，有的到過城市後又返鄉，也有從城市移居過來的青年，因為實踐著友善耕作的信念，熱愛這片土地，所以集結成一個社群，推廣自然農產、行銷在地文化，讓更多人認識這樣與土地重新連結的生活方式。

到訪那天，八月的豔陽明媚，我們走進野市集的據點——長濱竹湖村的永福野店，一棟兩層樓的透天厝，庭院的外牆用石頭堆砌，還有木頭、竹條、稻草搭建起的涼亭，相當有特色的阿美族部落屋。

祖先的傳統海鹽

這天剛好是野文化體驗活動，人稱「蔡班長」的蔡利木理事長正在帶大家製作傳統海鹽。那是阿美族的製鹽古法，從海邊舀取海水開始，接著過濾雜質，再將海水倒入大鍋爐後，一邊控制火候一邊翻炒以防燒焦，還要持續倒入新的海水。整個過程至少需要八小時，才能精粹出最後的鹽巴，耗時又費工。有時能因為不同的火候變化，淬鍊出如水晶般美麗的鹽花，讓人讚嘆這項技藝的奧妙。

頭髮花白的蔡班長，年輕時也在外地工作，甚至曾到國外工地打工，一直到五十歲後為了照顧年邁母親，才返鄉回到長濱。經歷過漂泊的蔡班長，仍保有原住民的樂天知命，當我們用血桐葉包著炒好的海鹽要帶回家時，他在一旁叮嚀：「要包好喔，沒包好的話，回家打開會變成甜的！」讓我們笑成一片。

工程師的香草海岸線

合作社發起人之一的登庸大哥，是從城市移居的青農。他原是忙碌的工程師，但二十年前台灣電子產業漸漸走下坡、出口條件越來越差，他開始從事野生動物調查工作，發現台灣擁有許多豐富的天然資源，「如能好好愛惜運用，應是能永續發展的。」透過朋友的介紹，他來到了長濱，與太太一起從事有機農業。

登庸大哥的其中一塊田就在永福野店前方，不過你若走過去可能難以辨別，看來就像一片荒地。他不像慣行農法把地整得清楚分明，分行隔列種植，而是以「盡可能提高生物多樣性、真菌多樣性」為目標，將不同作物雜作在一起，讓農地的生態系統豐富多元。

他們種植香草，發現除了能製成精油、純露等高經濟價值產品外，還可以防蟲害，像是左手香、薄荷、迷迭香、龍艾、甜茴香等，目前也與生產保養品、洗潔用品的廠商契作。他預計未來要在香草田間，種植可萃取精油的大樹，讓海岸山脈的森林得以一路延續下來，重返綠意盎然的鬱鬱大地。

格格種蓮花

還有一位喜歡種花的花格格，年輕時跑到台北工作，但在城市工作的壓力太大，孩子們又都長大了，於是她就回到家鄉，利用南溪老家荒廢的梯田、水資源種植蓮花。

這裡的山泉水清澈無比，她也堅持不噴農藥不施肥，用自然農法友善耕作，她說自己養的狗還會跳進池裡游泳，有時一游就是一個鐘頭，快活得很！

她試著開發產品，像是蓮花凍與乾燥的蓮花茶，紫色的花瓣富含花青素，在水中展開彷彿又帶回了一個夏季。**雖然現在的收入不那麼穩定，但跟以前相比卻輕鬆了好幾倍，「以前在台北要花錢住房、買食物、衣服跟化妝品，但回到這裡後，反而錢都省下來了！」**我很是同意這樣的發現，

都市生活實在昂貴。

日子悠然愜意。她說自己喜歡合作社夥伴的自然、互助、和諧、直接，這應該也是在都市裡，漸漸遺失了的一種品質吧。

部落是最後的天堂

野市集還有許多不同夥伴，各個身懷絕技，像是種植咖啡的產銷班班長秀蘭、經營竹湖山居民宿，投入友善農業二十多年的美菊、努力推廣長濱文化的阿米娜等。他們就像「復興者聯盟」，正在透過雙手雙腳實踐，重新將人們遺忘已久的傳統、自然、美好復興回來。

我很被登庸大哥說的，部落式生活珍貴之處打動：「這裡彷彿是最後的天堂，維持了一些傳統的生活方式，大家會聚集在一起，每個人自動分工，大家共享成果。」

俄國著作《鳴響雪松》中，有一段震撼人心的話語：「世界一開始就被創造成不需要人為了找食物，或是找什麼樣的食物而浪費精神能量的地方。一切都按照人的需要依序生長、成熟。進食就該像呼吸一樣，不需要將注意力分散在食物上面、讓思想偏離重點。造物者把這交給別的去處理了，使人可以盡情活出自己的天賦。」

商人男子米格烈在一趟航行中，遇見了來自西伯利亞森林的神祕女子「阿納絲塔夏」，她以原始的方式生活在自然中，卻擁有超乎常人的智慧，道出了人類應該與自然共存的美好願景。

米格烈看著她不需工作賺錢，卻唾手就得到森林裡的新鮮食物，不禁感嘆：「光是住在森林裡，不用考慮飲食、也不用為此消耗體力和腦力，就能得到最高品質、有機的、對她的身體來說理想而均衡的飲食。反觀我們，身處文明世界卻得不斷地想吃的問題，從早到晚都在為它工作，且往往得到的還是內容可疑、品質堪慮的食品。」這份心情，正是我到訪長濱野市集後的感受。

他們吃的是無毒有機蔬果，吹的是太平洋來的清新海風，身邊有親愛的家人，與共同守護理念的市集夥伴，使我不禁產生了米格烈式的反思：「這樣活著才是真正的幸福吧！」

其實仔細想想，地球給人類土地、陽光、空氣、水、食物，都是不用錢的，是我們自己為一切制定了價格，然後必須賣命工作。**如果我們回到本質思考，不去擠那條壅塞的道路，這樣回歸土地自產食物，也是另一種美好生活的可能。**

當我們在文明裡失落，野市集的夥伴用行動告訴我們不必灰心，我們永遠都有選擇，也擁有力量，能實踐想要的生活方式，打造屬於自己的人間天堂。

廚神小子的心靈食堂

「我們的生活很棒喔，歡迎來跟我們一起生活！」在我認識的人當中，有自信這麼說的，大概不超過十個，妻哥就是其中一個。

妻哥是我在志工協會工作時的前輩，本名叫做仁祈的他，諧音聽起來像「人妻」，就以這個名號走跳江湖，英文名是Manwife。

妻哥的外表頗富喜感，圓滾滾的身形配上馬桶蓋頭，很像藝人蚵仔。當年我還只是協會實習生，初次見到妻哥，他就對我說：「你也太瘦了吧！你的腰呢？」我指著他凸出來的大肚子說：「喔！在你身上啊！」從此就結下了「靠腰之緣」。

後來我進到協會工作，與妻哥一起負責柬埔寨計畫，他是個自我要求高的人，總要把每個細節確認仔細，排版精美順眼，才願意交出手中的企劃或報告書，有次老闆忍不住告訴他：「品質良好很重要，但是準時繳交也很重要啊，做到八十分準時交就好，不要拚到一百分卻超過時限！」但妻哥就是追求極致的人，有很長一段時間，他都直接加班到睡在辦公室，凌晨醒來回家洗個澡，再回來上班，我們都擔心他的身體，一直提醒他準時下班休息。

這麼熱情拚命的他，在二十六歲那年燃燒殆盡，雖然做著喜歡的工作，也知道那是對的事，但身體跟內心都已疲憊不堪。有次下班和同事去吃鐵板燒，同事叫他閉上眼睛，想像自己未來想要的生活是什麼？「我什麼都看不到，不是一片空白，而是一片黑暗。」對自己的未來全然沒有想像，也不知道以後該做些什麼。

許多人在二十六到三十歲時都會遇上這個「坎」，大學畢業時我們滿心期待投入社會，選了一份自己想要的夢幻工作，做了幾年才慢慢發現那夢幻背後其實辛苦掙扎，開始遲疑這是不是能做一輩子的事，邁向成熟的三十歲後是否要繼續這樣過？想校正GPS重新調整目的，卻又不知道該輸入哪裡，也許就先下來洗車加油吧，至少保養後再出發才更有馬力。

後來在完成階段性任務後，他向老闆提了離職，正式登出這個他從大學開始參與了七年的組織。他原本想要開餐廳，從小學就開始自己煮飯的他，最喜歡做的就是烹飪，不過現實的因素是他需要一筆經費，那時的他想，不然趁著三十歲前，去澳洲打工度假吧。

誤打誤撞，陪伴一群孩子長大

他先回到台中后里，父母在這裡經營教會，除了傳教之外，還扶助附近的弱勢孩童，年紀從小一到高三，有些是父母入監、家暴或隔代教養，教會每天提供免費的晚餐與課輔，讓他們下課後有個去處，就像是第二個家。

妻哥在這裡準備出國的事，期間應徵小學的代課老師，開始接觸到教育相關領域，他每天在學校跟小屁孩搏鬥，回家後累得要死，看到母親把教會的三十多位孩子帶得聽話懂事，深深佩服母親整整七年的陪伴不容易。也是在這時他開始思考，這群這麼棒的孩子，除了一直處在弱勢之外，有沒有可能翻轉命運，獲得更多的生活技能？

「我覺得這件事不能就這麼算了，我應該可以做些什麼。」二十八歲那年，他決定放棄計畫已久的澳洲行，留在這邊試試不同的可能性。當時剛好有人贊助他們一套水耕菜設備，讓他們在屋頂種菜，是個自給自足的開始。妻哥希望孩子像水耕菜一樣，「即使不是在先天肥沃的土壤裡長大，也能用不同的方式，長成自己喜歡的樣子。」於是成立「耕水小子社會企業」，希望給孩子編織未來的能力。

他與之前的志工協會合作，舉辦四天三夜的短期志工營，除了實質上增加收入外，邀請大家來這邊務農、生活，認識他們在做的事，也看見這群很棒的孩子。而孩子們也有了實作的機會，親自帶領志工種植水耕菜、幫忙煮飯與接待，妻哥也發給他們工讀金，讓他們靠自己的力量賺取生活費。他們因此接觸形形色色不同的人，有些國外來的志工，還給了孩子最直接的國際交流。

本來就熱愛煮飯的他，每天自己規劃菜單，三杯雞、蒜泥白肉、義大利麵，全是他的拿手菜。但他不只餵飽孩子的胃，還要飽足他們的心智，他將廚藝教給孩子，從怎麼備料、切菜到調味，毫不藏私一一傳授。發現孩子們學習能力很快，而且臉上溢滿成就感，讓他想帶孩子做更多的事。

他規劃「耕水倍力計畫」，邀請各界業師帶孩子培養生活技能，包含木工、設計、攝影、烘焙等，椅子壞了就自己做新的，孩子學不到三個月就能自己從頭到尾完成一個作品，甚至還開始接案賺錢。靠自己的雙手創造所需，還能幫助需要的人，孩子的命運漸漸翻轉。

原本生活中沒什麼資源，未來也沒太多選擇的孩子，容易在生存壓力的逼迫下，走向犯罪，但現在他們開始擁有了不同選項，也慢慢相信自己有能力改變。

「有個孩子某天下午突然跑來教會打鼓，還一直望向門外，我們覺得很奇怪，後來才知道原來是離婚後改嫁的媽媽要來看他，他想讓媽媽看到自己在打鼓的樣子。」孩子單純的心思，總是不經意感動妻哥，讓他在龐大的財務壓力下，仍願意堅持下去。

誤打誤撞，實現開餐廳的夢想

孩子的木工技能逐漸純熟，也接案賺錢後，他們想找一間木工教室，就在教會附近租了一個空間，「沒想到簽約後才發現，空間太窄，木條在裡面根本無法旋轉，要拿到大馬路上才可以。」在無法退租，又找不到人頂替的狀況下，妻哥突然冒出一個念頭：「那不然，我們就來開餐廳吧！」惦念已久的夢想就這樣誤打誤撞遇上了。

他們全部的裝潢都自己做，一步步把這間孩子本來視為「鬼屋」的地方改造成餐廳。前面學習到的技能都沒白費，全在「耕水食堂」用上了，他們自己做桌椅、搭吧台；螢幕、音響等設備的建置，是他大學在光華商場打工時學到的技能；菜單就是他在教會常常做的披薩、炙燒牛肉、鹽酥雞；最重要的是，孩子們成為了店內的重要夥伴，每到假日就來餐廳幫忙，累積工作經驗順便賺零用錢，妻哥已經發了超過百萬的工讀金出去。

如果假日時前往，你會看見孩子們流暢地在工作，熟練地操作點餐機、炸出一盤鹽酥雞、用噴槍烤牛肉、快速收拾桌椅等，讓人不得驚呼他們真的有一身好技藝，只要有人願意教，他們就學得會。

店裡的披薩是用方形的竹炭皮，妻哥說這也是告訴孩子，披薩不一定要是圓的，人生也沒有什麼標準答案。跳脫框架的他，總能把事情變得好玩，像是披薩的菜名：一杯二杯三杯雞、姑姑臉都綠了（青醬菇）、海龍王后里蟹、八戒本豬、胸肌本雞。他也在菜單上介紹了耕水孩子們的故事，並告訴光顧的客人：「你的胃來了，也成就了孩子們的未來。」真的是諧音哏玩不膩。

走過這些經歷讓他發現：**「當覺得自己還離夢想很遠的時候，也不用急著否定現在的生活，因為有可能現在的累積，會成為將來實踐夢想的一部分。」**這句話從妻哥的嘴巴說出來，特別有說服力。如果沒有前面的那些路，他不會擁有這家如此特別的小店，人生走的每一步都算數，都重要，也都不會白費。

他也覺得這種誤打誤撞很神奇，但我想要能誤打誤撞，首先你要不斷地在生活裡去「打」，去正面迎擊每個挑戰，就像妻哥肚子餓了就學煮飯、沒錢就去打工順便學電腦技能、椅子壞了就學木工自己做一張，不畏懼不繞道，把生活的能力都學上身，就可以在機運「誤撞」上你時，趁勢而上，實踐想望。

「我學了很多東西，很多時候不知道何時才會派得上用場，但當你有能力選擇自己想要走的道路時，你才會發現，原來先前學的東西全都派上用場了。人生很長，不應該太專注在短期成果，而需不斷累積、醞釀，時機到了就會發現辛苦都是值得的。」

我問他每天煮飯，把興趣變成了工作，會不會反而不再喜歡這件事了？他覺得還是幸運的成分多一點，「我就是再忙再累也喜歡煮飯，能分享給大家好吃的食物，也跟著夥伴一起做，是很幸福的。」他覺得另一個意義，就是他在孩子面前活生生證明了人可以實現自己的夢想，聽到後我指著他的肚子笑說：「嘿！是油膩膩的證明吧！」

找到那件你最喜歡的事

記得我剛進到協會工作，還是新人時脾氣很硬，有次妻哥特地準備了大聲公給我帶團用，我嫌佔空間就偷偷換成自己買來的小蜜蜂，後來妻哥問起，我就回他：「又沒關係，小蜜蜂是我自己花錢買的。」他被我氣到理智線斷了一天，才冷靜告訴我，不是誰出錢的問題，而是如果我對器材使用有不同想法，應該先告訴他一聲，才是尊重。

現在回想起來覺得慚愧，感謝妻哥的包容與不計較。我想他也是用這份心情，在帶著這群孩子成長，同時慢慢實現自己想做的事。

已成為老闆的妻哥，雇用了五位全職夥伴，協助孩子輔導與食堂經營，其中三位就是我們以前在協會時的同事和實習生，他把大家找回來，一起在這裡努力工作，認真生活。

在耕水的小日子，真的就是一起當農夫、吃美食、陪孩子、睡飽覺，不刻意不躁進，生活的步調，本該如此。妻哥也不再睡在辦公室加班了，他就睡在自己的生活裡。

「人一定要找到那件你最喜歡、不做會死的事。」妻哥現在每次出去分享，一定都會強調這件事，他說耕水小子一切成就的背後，就來自強烈的內在動機。一個太怕餓的男孩，用生活技能把自己餵飽後，更養活了許多人，讓他們的身心都一起飽足。

身體的餓，推動你去吃；靈魂的渴，就推動了我們去學。你對哪件事情最想望，就起身去把自己餵飽飽吧！

老屋信徒

認識小五哥，是在這本書寫到一半的時候。有天友人問：「要不要去台南玩，我們去住謝宅！」謝宅？我不知道這個地方，卻又隱約覺得聽過，可能曾在某個報導上瞄過一眼吧。帶著一片空白，沒有期待也不怕受傷害的心，我答應了這趟旅程。

抵達那天，還沒到入住時間，謝宅就來電說可以先幫忙載行李。一位身材高壯的男士來到，穿著黑衣戴墨鏡，豪爽地向我們介紹：「叫我小五就好。」與小五哥初見面，他就發揮台南道地的好客熱情，介紹了好幾間餐廳、景點，讓我們在入住前好好去玩。

到了下午三點，在約定的巷口等待小幫手來帶我們，他們不直接給住宿的確切地址，讓謝宅多了幾分神祕氛圍，也讓小幫手像引路人一樣，從周邊就開始跟你介紹當地的環境，哪裡有推薦的美食，哪邊最近在辦活動，哪些私房景點只偷偷告訴你。

我們遠遠看見一棟三層樓的老屋，復古的米色外牆，二樓有百根木頭搭起的簾幕，三樓屋頂中間有個金花徽章，那是建造這間老屋的師傅留下的標誌，全台南只剩下這一棟。

一入門，冰涼的磨石子地板、優雅的鐵窗花、古早的皮椅和擺飾，讓我們驚嘆不已，彷彿回到小時候的阿嬤家，時光變得平靜安寧。一回頭，身後一棵十幾公尺高的楓香樹穿過整棟建築，扶搖而上，每一層樓都能看見大樹不同段的景致，使這棟保安路謝宅有了「樹屋」的別名。

這是小五哥十年來修建的八棟謝宅裡，其中的一棟，他從三十一歲那年開始著手改造家中老屋，要讓人們看見「老房子不是破房子，它在時間的淬鍊之下反而有它的高度。」也讓他小時候那個繁盛閃耀的台南，有機會再次重返。

從繁華到落寞，府城的起落

那年是一九九〇年，小五哥國小的年紀，台灣股市漲破萬點，全民瘋股票，買什麼賺什麼，前景一片看好，大家每天都歡欣鼓舞。

從奶奶那一代就在台南西市場做生意的謝家，也參與了這場盛宴，那時最繁華的中正路上，光是電影院就有十二家，銀樓更是高達七十多間，店面房租一年就高達千萬，整條街都熱鬧非凡。

謝氏家族在其中有幾棟房子，為了讓空間盡可能留作生意用，往二樓的樓梯通常都相當傾斜，大約接近八十度左右，形成了當地建築的奇觀。

小五哥在人聲鼎沸的市場長大，開西裝店的父母用一件件手製西服把他和姊姊養大。記憶中的台南就像鑽石一樣閃耀，讓他以身為台南人為傲。

但隨著股市退燒，一切繁華散去，後來幾年的景氣成長不再這麼湧進，台南瞬間熄滅黯淡。當完兵後去了澳洲讀書的小五哥，回來看見每個老台南人的神情落寞，提到過往都會嘆息：「不會再熱鬧了。」讓他頓感失落難過。

不忍老屋遭拆，著手改建保留

時光在飛逝，人們也急著追求更新更好的東西，政府在二〇〇五至二〇〇九年間拆除了台南兩棟重要的歷史建物，一個是建於一九二七年的「新松金樓」，蔣渭水曾在此召開全工聯會議，在台灣民主歷史的意義非凡；另一個是日治時期的特種營業區「真花園」，雖然政府與民間單位曾嘗試搶救，但仍不敵命運慘遭拆除。

「那時還沒有什麼保存老屋的概念，大家都是能拆就拆，急著蓋新的。」回國後在科技公司擔任國外業務開發的小五哥，漸漸注意到台南老屋保存的問題，與幾位朋友組成「老房子俱樂部」，更在三十一歲那年決定自己動手改造。

「我在墨爾本讀書時，就注意到這個城市的新舊融合做得非常好。」

有人將殘破的馬廄改造成客房，有間老紡織廠成了酒吧，新與舊在這裡並不對立，質樸與時尚可以自然融合，「人家可以把舊的東西弄得這麼好，我們是不是也可以？」

於是他跟媽媽借了一筆資金，說要改建家裡的老房子，那時媽媽剛好忙於照顧生病的爸爸，沒有心力多問，想說應該就只是簡單翻修吧，「但幾個月後她來，看到我把屋頂都拆了，整個嚇傻！」回憶起那個畫面，小五哥還是覺得好笑。

他和成大建築系的教授與學生合作，改造位於西市場的家族建物，他知道自己不能跟飯店比豪華，所以就要做到飯店不能做的，「我把其中一層改成超大的衛浴空間，然後讓客人睡榻榻米床。」更重要的是，那八十度的樓梯也保留下來了，就是要讓弱點變優點，展現老屋最有特色的一面。

不是建築本科出身的他，小時候曾跟著家裡的工班一起修修打打，耳濡目染了一些。他講究怎麼讓老屋的物件保留，但同時加強隱密與舒適度。例如窗戶使用的玻璃是三層構造，兩片氣密窗中間夾了原有的波浪狀玻璃，使得午後的夕陽灑落時變得浪漫舞動，「真正住過老房子的人，才能注意到這樣充滿生活感的細節。」

私宅民宿開張，傳遞老屋信仰

老屋民宿改造完工後，小五哥取名為「台南謝宅」，把台南與自己的家族都放上去，就是抱持著破釜沉舟的心情。

台南謝宅開始開放住客，小五哥一邊在原公司擔任業務，假日接待客人，但當時社群媒體不發達，人們也對老屋民宿沒什麼概念，小五哥只能盡力把握每次機會，向來訪的客人介紹老屋。

剛開始真的不容易，他記得有位貴婦太太來住，一進門看到八十度的樓梯嚇呆了，他就要趕緊介紹這個樓梯的歷史意義。而謝宅直逼五星飯店的價格，也讓小五哥的媽媽質問他：「你覺得是誰會來住這個地方？」不**過曾擔任國外業務的他，說自己的心臟很強，不管怎樣被潑冷水都能撐下去。那時他每次導覽都會講上三個小時，「把我對老屋的信念，還有這棟**

房子修建的細節都告訴他，希望他也成為『老屋教』的信徒，回去再傳給下一個人！」謝宅變成了教堂，傳遞他懇切的信仰。

老屋教真的開始傳播，越來越多人耳聞謝宅，紛紛來訂房。有次小五哥接到一通電話，對方是多年前移民美國的台南人，今年已經七十歲，他在報紙上看到了謝宅的報導，特地帶著五十歲的兒子回台，「我想住謝宅，讓兒子認識我生長的地方長什麼樣子。」即使他們沒有事先訂房，小五哥仍被感動，立刻安排他們入住兩晚。

十年修八棟屋，留存師傅工藝

後來十年，小五哥又馬不停蹄修建了七棟家族老屋，「因為我發現工班師傅們正在老去，我必須跟時間賽跑，在他們凋零前一起完成這件事。」懂得木造與傳統技法的國寶級師傅，是謝宅重生的關鍵力量，原以為加快腳步是要避免老屋被拆除，後來卻發現是這群珍貴的人們時間所剩不多。

小五哥向銀行借貸，每棟都花了上百萬的修建費，一間一間地做。第一棟的八十度樓梯讓行動不便的旅客無法入住，第二棟他就做了一個平房，每一次他都彌補上一回不足之處，也因此每一棟都獨一無二，擁有自己的獨特面貌。

屋內的物件都是他到處收集而來，舊的門板、窗框、黑膠唱片、CD，它們將時空鎖在了八十年代，那個正要閃耀的老台南，小五哥記憶中的美好。而那棟保安路的樹屋，貫穿三層樓的楓香樹不是一開始就在那裡，是他從山上整株運來，還叫了一台吊車從三樓往房子裡種，附近的鄰居全都跑來圍觀，是當時轟動街坊的大事。

小五哥近乎瘋狂的執念，在你入住時就會明白他為何堅持，那百根木頭搭建起來的簾幕，是他親手一根根接上去的，除了增加住客的隱私性，在白天太陽照射進來時，拉動簾幕就能看見陽光被切成了金色波浪，刷在磨石子地上，就像自然與建築共創了一幅畫，讓你感嘆幽微的美就夠飽足心靈。

帶起老屋風潮，也延續謝家故事

謝宅帶起了老屋重生風潮，慢慢在府城發酵，現在至少有七百間老屋由年輕人們經營。小五哥也參與了街區再造，讓景點從點變成了線，觀光客多了到訪去處，也有了飯店之外的住宿選擇，現在謝宅更是出了名的搶手難訂。

後來日本石川縣官員因緣際會下認識了謝宅，也正要發展老屋民宿的他們，邀請小五哥前往金澤經營謝宅，讓當地能借鏡經驗。小五哥一口答應，帶了六位摯友一起到金澤買房，再交由他來建造經營。原本前十年太過辛苦，想著四十五歲就要退休的小五哥，又要忙上一陣子了，但我想這股創造力與拚勁是永遠不會停歇的。

問他若回到三十一歲那年，還會做同樣的決定嗎？他想都沒想，回答絕對會，**「到現在我走進第一棟謝宅，還是會感受到那股力量，那是所有人把全部的信念，都灌注在那間屋子，代表了一種勇氣，與一個翻轉的開**

始。」

而且全台南能這麼做的，可能也只有他一人了，「剛好我們家的親戚有幾棟房子都在台南，是自己家的房子就能不計成本修到好。我又是在三十歲有能力時發現了老屋保存這件事，還能運用我在墨爾本看見的新舊融合想像，以及業務開發的實戰力。」聽起來就是天選之人，前面的每一步都帶他走到今天。

但即使他有得天獨厚之處，也只是一個開始，後面十年若沒有對老屋真正的熱愛，沒有辦法撐這麼久。

或許另一個支撐他的理由，還有奶奶的故事。

小五哥的奶奶謝林不纏，民國一年出生，在日治時期結束後開始在台南經營布莊，第一批布是她徒步走了好幾天到台北，買下當時日人遺留的物資，才開成「安平布莊」，大家都叫她「安平嫂」。那時要在市場租店面，必須透過中間人承租，讓他們抽去一筆費用，「我奶奶覺得這樣不公平，連續三年到議會抗議，最後終於爭取成功！」她造福了許多攤商，大家都非常感謝這位謝家安平嫂。

小五哥的奶奶帥氣得令人敬佩，也難怪他擁有建造謝宅的勇氣，那份叛逆與堅韌原來傳承自奶奶。

「所以我很開心，我繼承了謝家的名聲，讓奶奶的故事可以繼續流傳。」可惜奶奶在小五哥當兵時就去世了，沒來得及看見孫子後來建造的一切。我問小五哥如果奶奶還在，覺得她會怎麼想呢？每次講起故事就滔滔不絕的他，難得停了下來，想了想說：「應該會很驕傲吧。」就像父母現在也以他為傲，常常聽到鄰居說：「你兒子真的很棒！」

「欲戴皇冠，必承其重。」是我聽小五哥故事時的感悟，身為「台南驕子」的他，出生在興旺的大家族，經歷過繁盛與衰落，面對太快速的逝去與鄉愁，他不只有感嘆，而是選擇運用擁有的資源，做一次破釜沉舟的豪賭。還好他賭了這麼一場，才讓我們今日有了絕無僅有的台南謝宅。

老屋教真的有股魔力，我已墜入成為信徒，在一個月內去了兩次，也許願在有生之年，要把八棟謝宅全都住遍！

後記／你會帶著什麼樣的神采，說自己在做的事？

在一場老同學的聚會上，我見到了好久不見的朋友們，將近十多年過去了，大家看起來卻沒怎麼變，互動的樣子也跟從前一樣，純真地打屁瞎聊。

問到彼此最近在做些什麼，有的是老師、公務員，有人做行政、公關，也有人自己開店、創業，同個班級的人卻都各自有了不同形狀，我注意到每個人臉上的神情也不一樣。

喜歡自己工作的人，神采奕奕說最近接到了充滿挑戰的專案，雖然加班很累，卻覺得刺激有趣；只用一兩句話快速帶過的人，就算不直接講出不喜歡，我也能從他閃躲黯淡的表情，看得出他不喜歡現在的自己。

在我離職大約兩年後，再次遇到了以前辦公室的實習生，他驚呼我的氣色比從前好多了，「而且你真的走出了自己的一條路耶！」持續在臉書上看到動態，他知道我現在成為了自由文字工作者。我欣然笑著：「對啊，真的是這樣，我也意想不到！」

兩年前的我，最討厭別人問起：「你現在在做什麼？」「接下來打算做什麼？」最真實的回答就是：「我不知道。」但我卻連坦承自己的狀態，都覺得相當羞恥，活了這麼久，怎麼還是一個如此迷惘的人？怎麼連自己要去哪裡都不知道？但事實上我真的真的，不知道、不確定、不敢說。

直到後來那段摸索的期間，漸漸搞清楚自己喜歡什麼，不適合什麼，才慢慢長出了自信，敢回答：「不知道耶，但可能往文字工作試試看吧！」同樣是不知道，但我終於敢坦露自己的狀態，我「知道」自己喜歡文字工作，但是「不知道」這條路走下去會遇見什麼，所以我依然無法給出明確回答，心中卻是對這個方向感到踏實自在。

我並不是儲備了勇氣才出發的，而是在過程中漸漸長出了勇氣。

有人問過我，如果這一趟探索後，我沒有得到開專欄、文字工作的機會，依舊會對於這個選擇毫不後悔嗎？當下我沒有多想回答了：「應該還是會。」但後來回到家，我發現那個帥氣的回應實在太虛假，以我這麼容易自責焦慮的性格，一定會怪自己怪到死，痛罵自己就是沒有能力、沒有才華，然後痛定思痛乖乖回去上班，從此絕口不提那一段日子。

但還好我很幸運，遇到的是現在的這一條路。不過也因此我明白，每個人的人生都是不一樣的，我的幸運不一定會發生在別人身上，所以我並沒有資格，也沒有那個膽量鼓勵大家跟我一樣，勇敢離職去做想做的事，這絕對不適用於每個人。

這本書最想說的是，認識自己是誰，並誠實回應心中的渴望，踏出成為自己的實踐之路。**這永遠沒有好壞對錯，也不須與他人比較，因為活在你生命裡的只有你自己，一切的感受，不管是快樂、興奮、痛苦、壓抑，都只有你自己在感受承擔。**可是你若在這個過程裡有擔心害怕，願我的文字、我的故事能給你一點點陪伴、一點點力量，那這本書就達成它的任務了。

我很喜歡一首印第安女巫 Oriah Mountain Dreamer 的詩作〈生活的邀

請函〉，她敲響著生命的渴望：

「你靠什麼謀生，我不感興趣，我想知道你渴望什麼，你是不是敢夢想心中的渴望。你幾歲，我不感興趣，我想知道你是不是願意冒看起來像傻瓜的危險，為了愛，為了你的夢想，為了生命的奇遇。」

而你呢？你將帶著什麼樣的神采，說自己正在做的事？

國家圖書館出版品預行編目（CIP）資料

有一種工作，叫生活：離職後我學到的 23 件事 /
曾彥菁 著 . -- 初版 . -- 臺北市 : 遠流 , 2020.03
面； 公分

ISBN 978-957-32-8725-4 (平裝)

1. 生活指導

177.2 109000954

有一種工作，叫生活：

離職後我學到的 23 件事

作者／曾彥菁 Amazing
總編輯／盧春旭
執行編輯／黃婉華
行銷企畫／鍾湘晴
封面設計：AncyPI
內頁設計：Alan Chan

發行人／王榮文
出版發行／遠流出版事業股份有限公司
地址：臺北市中山北路一段 11 號 13 樓
電話：（02）2571-0297
傳真：（02）2571-0197
郵撥：0189456-1

著作權顧問／蕭雄淋律師
2020 年 3 月 1 日 初版一刷
2022 年 9 月 5 日 初版十一刷
定價 新台幣 320 元（如有缺頁或破損，請寄回更換）

ISBN 978-957-32-8725-4

YLib 遠流博識網
http://www.ylib.com
E-mail: ylib @ ylib.com